营销问题

温韬 著

商务印书馆
The Commercial Press
创于1897

2012 年·北京

图书在版编目(CIP)数据

营销问题/温韬著. —北京:商务印书馆,2012
ISBN 978 - 7 - 100 - 08437 - 6

Ⅰ.①营… Ⅱ.①温… Ⅲ.①营销—研究 Ⅳ.
①F713.3

中国版本图书馆 CIP 数据核字(2011)第 126006 号

营 销 问 题

温 韬 著

商 务 印 书 馆 出 版
(北京王府井大街 36 号 邮政编码 100710)
商 务 印 书 馆 发 行
北京市松源印刷有限公司印刷
ISBN 978 - 7 - 100 - 08437 - 6

2012 年 5 月第 1 版　　开本 710×1000 1/16
2012 年 5 月北京第 1 次印刷　印张 16¼

定价:39.00 元

目　　录

前　　言

改革开放三十多年,中国经济取得了长足的发展。2009 年,中国首次超越德国成为全球第一大出口国。目前,中国经济总量已仅次于美国位居全球第二位。如今,中国商品已经走入世界每一个角落。但是,中国是商品制造的大国,但非品牌制造的强国。在外国人的眼中,中国商品几乎是低档廉价的同义词。造成这种局面的病因是多方面的。比如,品牌意识淡薄、营销手段落后、营销人才匮乏等。这些病因如果不能加以彻底根治和解决,必将阻碍中国经济的可持续发展。

为了尽快扭转这种局面,学术界和企业界有必要围绕中国本土营销的热点问题展开研究。本书采用理论研究和实证研究相结合的方法,基于多个行业就中国本土营销的热点问题进行了研究。全书一共分为六章。

第一章为体验营销问题研究。本章首先介绍了顾客体验是价格之外的下一个战场;其次,对顾客体验的概念和特性进行了界定和探析,并基于电影放映业对顾客体验的影响因素以及顾客体验对服务品牌忠诚度的影响进行了实证研究;再次,以百货业为例提出了塑造以顾客体验为核心的百货商场品牌的实施方略;最后,还对星巴克体验营销的案例进行了介绍和点评。

　　第二章为奢侈品营销问题研究。本章首先指出了中国本土奢侈品品牌面临的问题及对策;再次,介绍了中国新奢侈品消费的特点、发展趋势及企业商机,并针对本土服装业的现状,提出了时尚营销是中国新奢侈服装品牌的致胜之道;最后,还对路易·威登的奢侈品营销的案例进行了介绍和点评。

　　第三章为故事营销和核心竞争力问题研究。本章首先提出了故事营销是品牌竞争时代的赢思维;再次,指出了树立核心竞争力是越过多元化经营陷阱的"跳板";最后,还对海尔的故事营销的案例进行了介绍和点评。

　　第四章为区域营销问题研究。主要探讨的是辽宁省若干企业和行业的营销问题与应对之策。本章首先对辽宁省服装企业存在的问题及其对策进行了研究;其次,指出了新形势下辽宁百货业的主要问题、发展商机与应对策略;再次,对辽宁省电影放映业的市场现状和主要问题进行了分析;随后,透过东北"名牌荒"的现象,剖析了其背后的原因,指出了东北实施品牌战略的现实价值;然后,对大连西岗区胜利桥北农贸市场的投资可行性进行了研究;最后,还对大连大杨集团的区域营销的案例进行了介绍和点评。

　　第五章为营销教学问题研究。本章首先对高等院校的市场营销相关课程引入体验式教学进行了思考;其次,提出了市场营销相关课程应该推行"五化"教学法;再次,指出了目前体验式教学的现有尝试及其存在的主要问题,并对今后的研究设想进行了展望;最后,还对两部由学生导演的营销教学的情景短剧进行了介绍和点评。

　　第六章为市场杂谈——世纪之交的思考。主要介绍的是站在20世纪和21世纪之交,作者对当时的热点问题所进行的思考。本章首先提出了企业常胜的秘诀——创新无止境的观点;其次,提出了在知识经济时代下,应该让知识去叩开再就业的大门;再次,针对全国遭遇特大洪灾的现实,提出了灾后内需前景看好的观点;随后,为了树立正确的市场营销观念,提出了真营销就是"真品＋真经";然后,针对炒作之风盛行的现象,一针见血地指出了概念经济下中国企业的尴尬;最后,还对苹果公司的创新营销的案例进行了介绍和点评。

本书所呈现的内容是作者多年对中国本土营销的热点问题深入观察、思考和探索的结晶。本书所覆盖的领域、所提出的观点也许未必全面和成熟。本书出版的目的在于引发有识之士对中国本土营销的热点问题进行更加深入的研究,推动未来本土化营销研究取得突破性进展。

第一章 体验营销问题研究

体验经济时代已经向我们走来。以顾客体验为核心的体验营销已变得越发重要。就中国本土企业而言，正确地认识、理解和提供顾客体验，有利于企业更好地开展体验营销活动。作为本书的开篇，本章重点介绍作者近年来围绕顾客体验这一核心概念所进行的一些理论与实证研究工作。

第一节 顾客体验：价格之外的下一个战场

价格战，对时下的国人来说早已不是陌生的名词。从超低价彩电、惊爆价手机到冰箱论斤卖，大家可谓耳熟能详。每逢节庆，更是各大厂家全力以赴血拼的时候。特价海报到处飞，降价广告铺天盖地。价格战的火药味丝毫不亚于战场上的拼杀。

过度的价格战不仅吞噬了企业赖以生存的利润，而且让企业在降价的泥潭中越陷越深。长此以往，企业就会丧失发展的动力，没有充足的资金开发新产品和新技术，其最终结果必将威胁企业的生存根基和长远发展。透过眼下的国产手机行业整体亏损的现象，也许我们从中可以得到一些经验和启示。2005 年上半年，主要的国产手机生产厂家均出现了严重亏损现象。其中,波导股份亏损 1.07 亿元人民币,TCL 通讯亏损 8.53 亿港元,夏新电子亏损 0.5757 亿元人民币,康佳也出现了亏损(万新军,2005)。迄今,受国际金融危机的影响,国产手机业绩状况依然不容乐观。国产手机行业整体亏损原因何在? 不可否认,黑手机扰乱了国内手机市场,国际金融危机冲击了国外手机市场,进而影响了正牌国产手机的销售收入。但作者看来,最重要的原因在于:国内手机厂家盲目地追求市场份额,跟风式地大打价格战。

其实,国产手机行业只是中国企业的一个缩影而已。中国纺织品出口受阻、愈演愈烈的旅行社降价风潮等,同样令各行各业对价格战头痛不已。一味地追求市场份额和销量,损失的是企业的利润,只会让企业之路越走越窄。在激烈的市场竞争中,中国企业如何才能走出价格战的泥潭呢? 体验营销无疑是一个明智的选择。体验营销不参与价格战,同时能启动热销市场,从而可以充分保住企业利润。无怪乎,戴尔首席信息官杰里·格雷瓜尔如是说:"顾客体验是下一个战场……"①

一、洞察体验——从攻心开始

兵法云:"攻心为上,攻城为下。"在营销中,"心"指顾客的内在需要;"城"指竞争对手。"攻心"指根据顾客的内在需要,进行营销活动;"攻城"指直接与竞争对手展开价格战。这句兵法告诉我们:白热化的价格战是不足取的,满足顾客的内在需要才是上策。

近年来,"顾客体验"一词的使用率极高,频繁出现在经济及营销论著之中。简单地讲,顾客体验是指顾客为满足内在需要,在与特定产品、服务和品牌等情境因素发生互动关系的过程中,所产生的感知和情感的

---

① 肖恩·史密斯、乔·惠勒著:《顾客体验品牌化:体验经济在营销中的应用》,韩顺平、吴爱胤译,机械工业出版社 2004 年版,第 1 页。

反应。由此可见,顾客体验无时不有、无处不在。而且,顾客体验既有理性的成分,更有感性的成分。顾客不仅仅需要厂家提供产品、服务和品牌这些体验的媒介,更需要通过对产品、服务和品牌的消费,得到充满感性的享受和难以忘怀的愉悦。2005 年 9 月 12 日,耗资 36 亿美元的香港迪士尼乐园终于笑迎八方客了。作为中国的首个世界级迪士尼主题乐园,开园伊始就吸引了来自世界各地的众多游客,其根源在于:香港迪士尼作为梦想之地,可让每个顾客在游玩中体验令人难忘的卡通世界,让童年的梦想在与米老鼠、唐老鸭、白雪公主、睡美人、狮子王等卡通人物的亲密接触中逐一实现。2010 年 6 月 18 日,耗时三年建成的"哈利·波特魔法世界"主题乐园在美国正式开园,一开始就吸引了全球众多游客的目光。主题乐园占地 20 英亩,包括霍格沃茨城堡、霍格莫德村以及禁林三个部分,游客在此可充分体验到大量与电影情节有关的游乐项目。就全球众多游客而言,该主题乐园简直就是梦想成真的天堂。

顾客体验是人类的本能,它可以被一些情境道具引发出来。一个企业只有站在顾客的立场看问题,从顾客的内在需要出发,才能真正做到与顾客的心灵契合和有效沟通,并引发顾客积极的感知和情感反应。与之相反,一个企业不是站在顾客的立场看问题,狭隘地从企业内部出发,其结果只会是南辕北辙,引发顾客糟糕的感知和情感反应。中国移动 2001 年推出的"动感地带"(M-ZONE),成功地迎合了顾客的内在需要,带动了短信业务的显著增长(2001 年中国移动短信业务量达 159 亿条,短信总收入在 16 亿元左右),已成为与"全球通"、"神州行"并列的三大业务品牌之一。① "动感地带"的成功推出是"攻心"的结果。"动感地带"的品牌主张是时尚、好玩和探索,很好地契合了现代社会中年轻时尚一代内心向往的生活方式,让他们在使用"动感地带"时会体验到自己是

---

① 卢泰宏:《中国消费者行为报告》,中国社会科学出版社 2005 年版,第 412 页。

在追逐属于自己的风尚、品味,追逐属于自己的生活。如今,"动感地带"已经成为年轻时尚一代展示他们生活方式的标志物。"动感地带"的可人战绩实际上是顾客体验在电信营销中的精彩演绎的结果,其成功的秘诀在于其对年轻消费者的顾客体验内在需要的准确把握和高度满足。

二、超越满意——让口碑流传起来

管理大师彼得·德鲁克说过:"在竞争多变的商场,靠广告捧出来的品牌,其持久度绝对比不上赢得顾客信赖的正宗品牌。"顾客满意值就是顾客体验值与顾客期望值之差。顾客体验贯穿整个服务过程中,企业只有为顾客提供超值的产品和服务价值,才能吸引顾客一次又一次地光顾,并成为企业的常客,并凭借他们的口碑为企业招来更多的顾客。圣马丁弄堂酒店无疑是体验营销坚定的实践者。位于英国伦敦市的圣马丁弄堂酒店,除非你确切地知道这家酒店就在那里,否则你根本找不到它。它没有任何标志,看上去也完全不像一家酒店,你甚至不能透过酒店大门的花玻璃看到里面的大厅。但是,酒店和里面的三个饭馆总是高朋满座。圣马丁弄堂酒店靠的正是超越满意的顾客体验,通过口碑让酒店的名声越传越远。

口碑从本质上来说也是一种广告,但与商业广告相比,它具有与众不同的亲和力与感染力。口碑传播具有可信度高、宣传费用低和针对性强等特点。口碑不是空穴来风,它是企业一系列体验营销活动的结果,从产品功能的选定到价格的制定,从宣传的手段和切入点到售后服务,以及一系列的相关措施,每一个体验环节都关乎到口碑的流传。星巴克用三十多年的时间将连锁店开到四大洲六十多个国家,把一种普通的咖啡饮品发展成为与众不同、具有高附加值的品牌,这确实是一个奇迹。星巴克的每一家连锁店都是经过精心设计的。一进门,顾客就会闻到扑鼻而来的浓香,看到随季节不同而设计的新海报、旗标、具有意大利风格的色泽艳丽的图案和精美的手绘咖啡杯,听到悠扬的音乐声、浓缩咖啡机打奶泡的"滋滋"声和吧台服务生敲下咖啡渣的"咚咚"声,而且有热情的咖啡专家主动地为你提供相关知识……这些做法无疑赢得了顾客的满意和认同,并形成"星巴克体验"的口碑效应。

三、决胜终端——从情境、情趣到情结

随着市场经济的发展,市场竞争的不断加剧,终端的重要性日益突出。时至今日,许多企业已经知道:企业的成败决胜在终端,品牌的升降关键在终端。终端的打造对企业来说是至关重要的,它直接影响着企业的销售收入。麦当劳通过调查发现,75%的顾客通常是在进店前五分钟才决定消费的。可以说,谁掌握了终端,谁就掌握了市场的主动权。

终端包括百货商店、大型超市、便利仓储、专卖店等形式。目前的商业已经步入了一个全新的发展阶段,简单的商品陈列早已不能满足顾客的购物需求了。当今的顾客追求的是全方位的购物体验:购物环境要敞亮、优雅,富于变化;购物气氛要温馨、快乐,富于情趣;终端服务要贴心、周到,富于特色。根据顾客购物的体验需求,企业应有意识地打造独一无二的情境终端,真正让终端的卖场变成顾客流连忘返的磁场。在情境终端中,顾客能够从情境中体验到情趣,进而从情趣中引发对企业难忘的情结。成立于1993年的谭木匠公司是一家木梳、木镜、香扇等木制品为主的民营企业。"谭木匠"为中国公认名牌。1998年3月,谭木匠正式步入特许经营发展之路。到2009年年底,达到866家连锁店的规模。与以往在超市、商场上出售的梳子相比,谭木匠采用的品牌特许经营方式,给人一种高档次的专业形象,增强了顾客的购物安全感、愉悦感,也满足了顾客对购物体验的好奇心和虚荣心。谭木匠的终端小巧而精雅,就像它的产品一样,不求最大只求最精。店内挂满四壁的各式各样、万千姿态的精致梳子,让人有置身于梳子小王国的感觉。和你热情打招呼

的服务员都穿着汉唐时期的对襟衣褂,笑脸相迎,热情有加。《高水流水》、《春江花月夜》和《二泉映月》等中国古乐,烘托了品牌的文化内涵、彰显了独特的品牌个性,令每一个顾客流连忘返。在这样的情境中,顾客能不为每个细节的体验而情趣倍增吗?能不为至极的情趣而心生难以忘怀的情结吗?

时代在变,市场在变,竞争对手在变,新的营销理念也在颠覆市场既有的竞争规则。迄今,号称"价格屠夫"的格兰仕终于放下了价格战的屠刀,宣布退出空调领域的价格战,准备转向高附加值产品的生产。体验经济时代已悄悄来临,顾客体验走上了前台。中国企业只有顺应时代的潮流和市场的演变,才能避免遭受灭顶之灾。以上体验营销的实践已经证明:洞察体验是体验营销的前提,超越满意是体验营销的关键;决胜终端是体验营销的保障。顾客体验是下一个战场,中国企业准备好了吗?

第二节 顾客体验概念的溯源、界定和特性探析

近几年来,顾客体验一词的使用率极高,并广泛应用于不同的商业领域。其实,人们对体验(Experience)一词并不陌生,它通常是指一个人的亲身经验、经历。顾客体验一词被特别提起是体验经济时代发展的必然结果。与以往的经济时代不同,体验经济时代更看重的是人们个性化的需求。随着人们生活水平和生活质量的提高,现代社会人们的消费需求观念不再停留于仅仅获得更多的物质产品以及获得产品的本身。相反,人们愈来愈注重通过消费体验获得个性的满足。在日趋白热化的市场竞争中,产品的同质化趋势也让越来越多的企业清醒地意识到:那些传统的营销和沟通方式(功能性的特色和益处营销)已经风光不再。醒目的标语、黄金时段的电视广告以及微笑服务也已经远远不能满足顾客的

需要了。顾客开始根据自己的亲身体验来评判一件产品(或服务)、一个品牌甚至整个企业。因此,让顾客获得有趣的、吸引人的、可以消除隔阂并且能够带来价值的体验(体验营销)成为各企业的一项重要任务。在体验经济时代,顾客体验的崛起实属必然,具体原因可以概括为以下五点。

一是昔日广告影响的削弱。由于电视频道越来越多,而互联网作为一个新的媒介又可以提供无穷多的交流渠道,所以媒体的分化使单个广告频道的顾客认知份额有所下降(施密特、罗杰斯、弗特索斯,2004)。传统的大众传媒广告已经无法满足商家和顾客的需求了,公司需要以顾客体验的方式进行更直接、更深入的接触和沟通。

二是高层次的独立消费者的增多。如今的消费者变得越来越难以取悦了。他们也开始渐渐分化——不再对往日称霸市场的主打品牌俯首称臣了。1998 年至 2001 年之间,可口可乐在软饮料行业的市场份额从 33% 下降到 20%,而百事可乐从 23% 下降到 13%(施密特、罗杰斯、弗特索斯,2004)。

三是体验消费与日俱增。在我们社会文化的各个方面,体验和娱乐越来越受到重视了(施密特、罗杰斯、弗特索斯,2004)。央视调查咨询中心的调研分析报告《实证未来——中国七城市消费导向研究》结果显示:体验消费模式成为中国未来消费市场的十大趋势之一。[①] 与以往相比,人们对体验消费的需求日增,"花钱买刺激"已经成为一种消费时尚,人们全部收入中用于休闲、娱乐等方面的开支比例也呈不断加大之势。君不见,DIY(自己做)、冲浪、攀岩、蹦极等在许多都市青年人的眼中,已成为一种时尚的生活方式。

四是信息技术无处不在。通过信息技术,人们能够以任何媒介形式

---

① 权利霞:《体验消费与"享用"体验》,《当代经济科学》2004 年第 2 期,第 80 页。

（文本、声音、图片以及其他媒介）与处于任何地方的任何人（真实的或是虚拟的）互相发送和接受信息。这就使得人与人或公司之间能够随时随地沟通和分享体验（施密特，2004）。值得注意的是，与信息技术相关的体验产业——游戏业，正在国民经济中扮演着越来越重要的角色。2000年日本国内生产总值（GDP）的近20%是电子游戏产业创造的；同年，韩国的游戏产业大约创造了200亿美元的产值（姜奇平，2002）。

五是新的管理模式——大规模定制①不仅强调了顾客个性化（定制），同时兼顾了规模经济的好处。如今，越来越多的企业（无论是制造业还是服务业）不仅在大规模定制它们的产品，而且还在向广度和深度发展大规模定制（派恩，2000）。企业可以通过大规模定制自动地把产品转换为服务，并且把服务转换为体验。英国航空公司从1998年开始使用由迈特马蒂克国际公司开发的全新机载软件，公司通过为超过160家机场和1,200条航线提供服务，跟踪并调整它从超过300个供应商那里所获得的服务。接着，获取高价值客户的个人偏好信息，并依据他们的爱好提供恰当的机上服务。正是这样一种百分之百满足客户需求的做法，顺应了大规模量身定制的需要，英国航空公司不仅将公司的服务调整成为面向个体体验的方式，而且降低了公司的运行成本消耗（派恩、吉尔摩，2002）。

种种迹象表明，体验消费的大潮势不可当。顾客体验正在愈来愈多地引起企业关注，那些抢先实施体验营销的企业，必将在市场竞争中占尽先机。迄今为止，不少企业和人士对于顾客体验的认识仍停留在较低层次上，他们简单地认为顾客体验不过是亲身经验、经历而已。其实，顾客体验是一个内涵十分丰富的概念。顾客体验具有多重形态，它既可以从顾客角度探察，也可以从企业角度剖析；它既可以受理性的支配，也可

---

① 大规模定制（mass customization）指的是个性化定制产品和服务的大规模生产。

以受感性的驱动；它既可以依附于产品和服务，也可以作为单独的出售物而存在。顾客体验存在形态的多重性和内容的丰富性为企业开展体验营销提供了多条可能的途径。与此同时，上述特征也给人们认识顾客体验带来了不解和迷惑。那么，顾客体验究竟是什么呢？它又包括哪些类型呢？毋庸置疑，通过对顾客体验概念的追根溯源，有利于我们拨开顾客体验身上的神秘面纱，进一步增加人们对顾客体验内涵全面和深刻的了解。

一、顾客体验概念的溯源

关于顾客体验的理论研究可追溯到 20 世纪 70 年代。迄今，最典型的理论有以下六个：体验情境说、流体验说、体验二元说、体验双因素说、感知体验说和战略体验模块说。

（一）体验情境说

阿尔温·托夫勒[①]早在 1970 年便预言：来自消费者的压力和希望经济继续上升的人的压力——将推动技术社会朝着未来体验生产的方向发展；服务业最终还是会超过制造业的，体验生产又会超过服务业；某些行业的革命会扩展，使得它们的独家产品不是粗制滥造的商品，甚至也不是一般性的服务，而是预先安排好了的"体验"。体验工业可能会成为超工业化的支柱之一，甚至成为服务之后的经济的基础。他认为，体验是一种可交换物。今天，体验是作为某种传统的服务业的附属品出售给顾客的，然而，当我们进入未来社会，体验就越来越多地按其本身的价

---

① 阿尔温·托夫勒著：《未来的冲击》，孟广均等译，中国对外翻译出版公司 1985 年版，第 194－209 页。

值出售,好像它们也是物品一样。他根据不同情境(模拟环境和真实环境)将顾客体验划分为两种类型:模拟环境的体验和真实环境的体验。模拟环境的体验指的是基于模拟环境的顾客体验。在模拟环境下,顾客身临其境地参与到企业预先安排好的活动中,从中体验冒险、奇遇、性感刺激及其他乐趣而无损于顾客的现实生活和名声。真实环境的体验指的是基于真实环境的顾客体验。在真实环境下,顾客除了有身临其境的体验外,还将得到实质性的损失和收获。

(二)流体验说

流体验(Flow Experience)这一概念最先是由塞克斯哈里(Csikszentmihalyi,1977)提出的。塞克斯哈里(Csikszentmihalyi,1988)[1]认为,流体验指最优体验的过程,是个体完全投入某种活动的整体感觉。当个体处于流体验状态时,他们完全被所做的事深深吸引,心情非常愉快并且感觉时间过得很快。他认为,流体验的产生是由个体的感知挑战与感知技能之间的匹配度决定的。当个体的技能与任务的挑战相匹配时,个体才会经历流体验;当个体的技能高于任务的挑战时,个体就会感到厌倦;当任务的挑战高于个体的技能时,参与者就会感到沮丧。由于个体的技能会逐渐提高,任务的挑战也会不断增加,个体就会在挫折、流体验和厌倦这三种心理状态之间动态变化。流体验理论已逐渐被应用于许多领域,如攀岩、下棋、跳舞以及与电脑相关的活动中。

---

① 卢锋华、王陆庄:《基于"流体验"视角的顾客网上购物行为研究》,《外国经济与管理》2005年第5期,第34—35页。

（三）体验二元说

霍尔布鲁克和赫希曼（Holbrook & Hirschman，1982）是最早将享乐与功利体验概念引入市场学科的两位学者，他们发展了围绕于美学产品（如小说、电影、艺术等）的享乐消费的体验观点，他们的结论也被延伸到所有产品类别。[①] 他们认为，功利体验指的是顾客对功利性产品（如一把手电筒、一支钢笔或一罐汽油等）的体验；享乐体验指的是与顾客产品体验的多种感觉相关的顾客行为的那些方面，上述多种感觉包括味觉、触觉、听觉、嗅觉印象与视觉形象。享乐体验出自于那些能唤起幻想、情感和乐趣水平的产品。享乐体验是出于追求顾客内部的价值目标（如玩耍），而不是作为实现其他外部价值目标的手段。任何消费体验都是基于客观的功利体验（客观特点）和基于主观的享乐体验（主观反应）的相互作用的混合体（见图1-1和图1-2）。

图1-1　消费体验

资料来源：Addis，M.，and Holbrook，M. B.，"On the Conceptual Link between Mass Customization and Experiential Consumption：An Explosion of Subjectivity，"*Journal of Consumer Behaviour*，2001，1(1)：57-58。

---

① Addis，M.，and Holbrook，M. B.，"On the Conceptual link between Mass Customization and Experiential Consumption：An Explosion of Subjectivity，"*Journal of Consumer Behaviour*，2001，1(1)：50-51。

图 1-2 产品消费中的权重

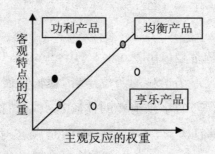

资料来源：Addis，M.，and Holbrook，M. B.，"On the Conceptual Link between Mass Customization and Experiential Consumption：An Explosion of Subjectivity，"*Journal of Consumer Behaviour*，2001，1(1)：57－58。

(四)体验双因素说

派恩和吉尔摩(Pine Ⅱ ＆ Gilmore，1998，1999)认为，体验是使每个顾客以个性化的方式参与其中的事件。[①] 他们根据顾客的参与程度和联系的类型两个要素将顾客体验划分为四个类型：娱乐的体验、教育的体验、遁世的体验和审美的体验(见图 1－3)。

娱乐的体验不仅是一种最古老的体验之一，而且在当今是一种更高级的、最普遍的、最亲切的体验，它是顾客被动地通过感觉吸收体验，比如观看演出、听音乐和阅读娱乐文章等。

教育的体验和娱乐的体验一样，顾客吸收了对他们来说并不是很清楚的事情。但是，与娱乐的体验不同的是，教育的体验包含了顾客更多的积极参与。要确实扩展一个人的视野、增加他的知识，教育的体验必

---

① 约瑟夫·派恩、詹姆斯·H.吉尔摩著：《体验经济》，夏业良、鲁炜译，机械工业出版社 2002 年版，第 19 页。

图 1-3　体验的四个王国

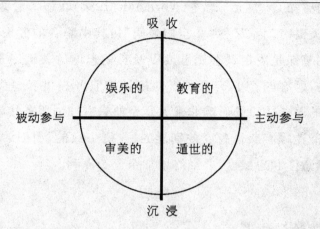

资料来源：B. Joseph Pine II, and Gilmore, J. H. ,"Welcome to the Experience Economy," *Harvard Business Review*, 1998, 76 (July/August):102。

须创造条件和环境,促使顾客积极使用其大脑和身体。通过教育的体验,顾客在积极参与同时,吸收了他们面前展开的事件和信息。

　　遁世的体验与纯娱乐的体验截然相反,遁世者完全沉溺在里面,同时也是更加积极的参与者,好似逃避现实之体验,顾客积极参与到一种浸入式的环境中。

　　审美的体验中,顾客沉浸于某一事物或环境之中,而他们自己对事物或环境极少产生影响或根本没有影响,因此环境(而不是他们自己)基本上未被改变。审美的体验表现在自然风光的留连中,表现在对艺术杰作的鉴赏中,也表现在流行时尚的品味中。

(五)感知体验说

　　格罗鲁斯(Grönroos,1982)在其提出的顾客感知服务质量模型中

用到了顾客的服务体验这一概念。他指出,顾客的服务体验就是顾客对服务接触的感知。① 随后,诺曼(Normann,1984)在服务管理的理论中又引入了"关键时刻"(又称"真实的瞬间"),其中隐含的假设是:顾客对服务接触的感知是决定顾客满意度以及长期忠诚的关键因素。这些学者一致认为,顾客与企业资源要素的接触和服务提供者提供服务的方式,对顾客的服务体验的影响非常大。企业只有加强服务接触点的设计和管理,才能让顾客获得高度差别性的、连贯一致的、积极的服务体验,提高顾客满意度和忠诚度,并最终增加企业的赢利。

(六)战略体验模块说

体验营销之父施密特(Schmitt,1999)指出,体验是个体对一些刺激(如售前和售后的一些营销努力)做出的内在反应。② 他吸收了神经生物学和心理学等有关体验的一些重要成果(特别是人脑模块说),结合公司战略需要提出了顾客体验的战略体验模块说,即把顾客体验看作是具有总体特性的战略体验模块(SEMs)。战略体验模块/顾客体验包括感官上的体验(感官)、情感上的体验(情感)、创造性认知体验(思考)、身体体验和整个生活方式(行动),以及和某个群体或文化相关联的社会身份体验(关联)五个模块。

感官模块通过诉诸于视觉、听觉、触觉、味觉和嗅觉创造顾客的感官体验。

情感模块通过诉诸于内心的情绪和情感创造顾客的情感体验,这种

---

① 格罗鲁斯著:《服务管理与营销:基于顾客关系的管理策略》,韩经纶等译,电子工业出版社2002年版,第52-53页。

② 施密特著:《体验营销——如何增强公司及品牌的亲和力》,刘银娜、高靖、梁丽娟译,清华大学出版社2004年版,第56页。

体验可能是对某种品牌的略微好感,也可能是非常强烈的自豪感和快乐情绪。

思考模块通过诉诸于智力为顾客创造认知和解决方案的体验。通过让人出乎意料、激发兴趣和挑衅促使顾客进行发散性思维和收敛性思维。

行动模块通过向顾客展示不同的做事方式、生活方式以及互动方式来强化顾客身体体验。理性分析只是改变行为的方法之一;而顾客生活方式的改变更多是被激发或自发的,经常受偶像角色的影响。

关联模块通过诉诸于个体对自我改进、别人认可以及社会认同等心理需要创造顾客的关联体验。

综上所述,基于不同的角度与受个人背景的局限,六个理论赋予了顾客体验不同的含义,并进行了不同的分类。体验情境说主要站在企业角度,它认为体验是一种企业为顾客精心设计的可交换物,强调情境氛围对顾客体验的影响作用,对企业有一定的启示作用,但其对体验的分类较为笼统;而流体验说主要站在顾客角度,它认为体验是个体完全投入某种活动的整体感觉,强调了最优体验的状态,该理论主要适用于娱乐和网上购物等消费行为领域,其在其他领域的适用性相对较差;体验二元说也是站在顾客角度,它认为体验是顾客包括幻想、情感和乐趣的行为,强调顾客内部的价值目标,而非其他外部价值目标,因其研究兴趣集中于非功利性的消费行为领域,对企业操作实践的指导作用有限;作为体验情境说的后继者,体验双因素说也主要站在企业角度,它认为体验是使每个顾客以个性化的方式参与其中的事件,其不仅考虑了情境要素,而且考虑了顾客与环境的互动关系,对企业有较强的启示作用,但其对体验的分类仍较为笼统;感知体验说主要站在企业角度,它认为(服务)体验就是顾客对服务接触的感知,强调了服务接触设计的重要性,对提高服务忠诚度有一定的启示作用,但其对体验的界定和分类过于简单;战略体验模块说则完全站在企业的角度,它认为体验是个体对一些刺激(如营销努力)做出的内在反应,强调企业战略的需要,通过设计战略体验模块以唤起顾客相应体验。战略体验模块说对企业操作实践的指导作用最大,但因其从企业角度洞察体验,难免会弱化对体验的顾客内部价值的探究。

二、顾客体验概念的界定和特性探析

从狭义上讲,顾客体验可以是交换物、感觉、行为、感知、内在反应,抑或事件。从广义上讲,本书认为,**顾客体验是指在企业提供的消费情境中,顾客在与企业的产品、服务、其他事物等发生互动关系的全过程中的难忘经历和感受。顾客体验是由企业提供(引发)的,它的优劣取决于顾客的整体感受。**

根据顾客体验的定义,我们不难发现顾客体验具有如下特性。

一是主观性。顾客体验具有强烈的主体性或主观性,是顾客心中的体验感受,是与企业的产品、服务、其他事物等是否符合顾客的期望、购买能力、消费目的联系在一起的。

二是异质性。对于同一种服务,每个顾客的服务体验是独一无二的,很难达到一致性(Berry,1980;Lewis,1989)。"一个人的食物是另一个人的毒药",产品体验的异质性也同样存在。尽管与服务体验相比,产品体验的异质性相对要小一些。顾客体验的异质性主要与顾客的个体特征(如性别、年龄、教育水平、兴趣、态度、经验、需要等)相关。

三是互动性。顾客体验源于顾客与产品、服务、其他事物等之间的互动。没有顾客的参与,体验就不可能发生(Lasalle & Britton,2002,2003)。

四是感知性。顾客体验是顾客在与产品、服务、其他事物等发生互动关系的过程中所获得的感知,具有感知的特性。感知是感觉和知觉的统称。当客观事物作用于人的感觉器官，人脑中就产生了反应。这种反应如果只属于事物的个别属性，称为感觉；如果是对事物各种属性的各个部分及其相互关系的综合反应则称为知觉（杨锡山，1986）。认知心理学家用信息加工理论来说明知觉问题。认为知觉和思维过程，是接受信息和评价信息的过程（王甦、汪安圣，1992）。由此可见，感知是一种心理概念，是一种心理反应行为和过程，包含了感性认识和一定程度的理性认识，它是与评价、判断等心理行为较为相近的概念。[①]

五是动态性。顾客体验并非恒常不变的，而是处于不断变化之中的。其动态性主要表现于顾客在与产品、服务、其他事物等发生互动关系的过程中所产生的感知的动态性上。在不同的消费情境和消费阶段下，顾客在与产品、服务、其他事物等发生互动关系的过程中所产生的感知都是不一样的。

六是情感性。顾客的消费过程既是一个感知过程，也是一个情感体验过程（温碧燕、汪纯孝、岑成德，2004）。顾客在产品和服务的消费过程中会经历一系列情感（Westbrook & Oliver，1991）。与感觉相比较，顾客体验的情感性指的是顾客在主观上感受到、知觉到或意识到的情绪状态。譬如，顾客在消费过程中可能会经历高兴、愉快、兴奋、满足等正面情感，也可能会产生失望、气愤、伤心、内疚等负面情感。情感（feeling）一词也有感觉（sensation）的含义，但作为心理学的专门术语，情感不是感觉所代表的认识的初级形式的感觉，而是指主观的感觉或感受。因此不是在感觉的意义上使用它，而是在情感、感受的意义上使用它。[②]

毫无疑问，关注顾客体验已经成为我们这个时代的重要特征之一。尽管我国体验经济的水平和规模与西方发达国家尚有不小的差距，但是

---

① 董大海：《基于顾客价值构建竞争优势的理论与方法研究》，博士学位论文，大连理工大学，2003 年，第 29 页。

② 斯托曼著：《情绪心理学》，张燕云译，辽宁人民出版社 1987 年版，第 397 页。

我们欣喜地看到:经过多年的快速发展,我国已逐步具备了发展体验经济的基础。目前,随着居民收入和消费水平的提高,尤其是实行5天工作制和春节、"五一"、"十一"等节假日,以及带薪休假的逐步实施,体验消费已经成为推动我国经济的持续发展与和谐社会的稳步实现的重要力量。

与此同时,顾客体验思潮也已渗透到中国的企业界和学术界。自2002年派恩和吉尔摩的《体验经济》一书在中国出版以来,我国企业在体验营销的实践中已积累了不少经验。相形之下,我国顾客体验的学术研究尚不够深入。目前国内大多数研究集中在战略层次或理念层次上,有关顾客体验的基础研究(特别是实证研究)较少,亟待加强。

第三节　电影院顾客体验的影响因素及其模型构建

目前,社会经济形态正在从商品经济、服务经济向体验经济时代迈进。顾客体验成了企业界和学术界的热门话题。在日常生活中,顾客越来越凭借自己的亲身体验来评判一件产品(或服务)、一个品牌甚至整个公司。向顾客传递高度差别性的、连贯一致的、积极的体验(体验营销)成为各公司的一项重要工作。

从上节可知,学者们通常从两个层面来解释(顾客)体验的定义。托夫勒、派恩和吉尔摩主要从功能层面定义体验,强调体验是一种独特的经济提供物,是增加企业价值的新途径。塞克斯哈里、霍尔布鲁克和赫希曼、格罗鲁斯、施密特主要从心理层面定义体验,强调体验是感觉、行为、感知、内在反应,揭示了体验概念的本质。

从不同角度上看,体验可以是交换物、感觉、行为、感知、内在反应、事件。基于此,广义地讲,顾客体验是指在企业提供的消费情境中,顾客在与企业的产品、服务、其他事物等发生互动关系的全过程中的难忘经历和感受。概括起来讲,顾客体验是由企业提供(引发)的,它的优劣取决于顾客的整体感受。

派恩和吉尔摩(Pine Ⅱ & Gilmore,1998,1999)曾经强调,非凡的体验设计是获得难忘的顾客体验的前提。不难发现,电影院的体验设计较之其他服务行业更为重要。近几年来,中国电影业保持了高速发展的态势,行业规模和存量呈加速度递增,年度电影产量和年度电影票房均创下新高。在行业整体攀升的同时,电影院线也暴露出一些不容忽视的问题,比如,产品同质化现象严重、档期安排不合理、设备更新缓慢、服务没有特色等。这些问题若不加以慎重地研究和解决,必将掣肘电影业的可持续发展。国家广播电影电视总局第 51 号令《〈外商投资电影院暂行规定〉补充规定二》(2006 年 2 月 20 日起施行)的发布是在第 49 号令《〈外商投资电影院暂行规定〉补充规定》和《内地与香港关于建立更紧密经贸关系的安排》(CEPA)相关协议基础上做出的补充规定。该补充规定自 2006 年 1 月 1 日起,允许香港、澳门服务提供者在内地设立的独资公司,在多个地点新建或改建多间电影院,经营电影放映业务。这也意味着电影院线将面临着更加残酷的竞争。如何才能提高电影放映企业的竞争能力呢?通过向顾客传递令人难忘的体验来提高电影院服务品牌忠诚度,不失为一种事半功倍的明智选择。

目前,针对电影院顾客体验影响因素的基础研究十分匮乏。中国电影放映业是一个值得研究的服务领域。就电影院顾客体验的影响因素进行探究,其结论不仅可以弥补国内该领域缺乏实证研究的不足,而且对于电影院进行体验设计、打造服务品牌也具有一定的指导作用。

一、电影院顾客体验影响因素的相关文献和研究过程

这一部分涉及两个方面的任务:一是电影院顾客体验影响因素的相关文献的回顾,二是电影院顾客体验影响因素的(定性和定量)研究过程。

（一）电影院顾客体验影响因素的相关文献

迄今，专门针对电影院顾客体验影响因素的基础研究（特别是实证研究）十分罕见。相关主要的实证研究大多集中在零售商场、旅游、餐馆等服务领域。因此，本书只能介绍（与电影院同属服务业的）其他服务领域的相关文献。

琼斯（Jones，1999）采用关键事件技术以识别零售商场顾客体验的影响因素。他将顾客体验的影响因素分为两大类，即零售商因素和顾客因素。零售商因素包括选择、价格、商场环境和售货人员，而顾客因素包括社交、任务、时间、参与和财力。在琼斯研究的基础上，易卜拉欣和魏（Ibrahim & Wee，2002）采用定性研究和定量研究的方法，对购物中心的顾客体验进行了相关研究，研究发现：除了零售商因素和顾客因素外，交通因素在顾客体验中也扮演着重要的角色。零售商因素包括购物中心特点、气氛、附加价值特点，顾客因素包括功利倾向和享乐倾向，交通因素则涉及与交通便利有关的因素。温韬、侯铁珊（2006）对国内九家百货商场进行了一次实证研究，以识别百货商场顾客体验的影响因素，研究发现：顾客维度因素、情境维度因素、交通维度因素是影响顾客体验的三个主要维度因素。其中，情境维度因素是最重要的维度因素。

普尔曼和格罗斯（Pullman & Gross，2003）以旅游业的贵宾帐篷服务为例，提出并验证了一个顾客体验（影响）因素与顾客忠诚行为关系的研究模型。在该模型中，顾客体验要素包含有形环境情境、关系情境和时间三个维度，研究发现：顾客体验要素通过情感体验对顾客忠诚行为产生影响。服务企业可以通过对主要体验因素的设计来提供一个更有利于传递难忘顾客体验的情境。

范秀成、李建州（2006）采用随机抽取样本、事后回忆的方法对餐馆进行了一次实证研究,以识别餐馆顾客体验的影响因素。他们根据研究结果将顾客体验的影响要素分为三大类,即菜肴质量因素、服务环境因素和员工服务因素。在上述研究的基础上,李建州、白翠玲(2008)还针对快餐店、大众餐馆和豪华餐馆三类餐馆展开实证研究,研究发现:在不同种类的餐馆,菜肴质量、服务环境和员工服务对顾客体验具有不同的影响。

(二)电影院顾客体验影响因素的研究过程

在此项研究中,本书选择电影院作为自己的调研领域,调研对象是电影院的顾客,研究过程分为定性研究和定量研究两个阶段。

1.定性研究阶段

作者先后对大连大学三年级的大学生进行了开放式问卷调查,发放问卷 130 份,共回收有效问卷 122 份,问卷有效回收率为 93.85%(见附录 1)。同时,作者还对不同年龄的 20 位顾客进行深度访谈,以识别顾客体验的影响因素。其后,对开放式问卷和深度访谈记录进行要素提取、同类归并和频次统计三个步骤。最终生成具有 33 个题项的顾客体验影响因素的初始量表集合(见附录 2)。

2.定量研究阶段

定量研究阶段包括量表提纯和数据分析两个步骤。

(1)量表提纯

量表提纯主要是删除不重要的题项。为此,作者对大连市的两个事业单位进行了便利抽样,问卷采取李科特 5 级量表,1—5 分别表示很不重要、不重要、一般、重要、很重要。发放问卷 100 份,共回收有效问卷 86 份,问卷有效回收率为 86%。初测后删除不重要的题项,并呈送四位营销专家审核,最终形成具有 30 个题项的量表集合。

(2)数据分析

　　将 30 个题项写成合适的表述,形成探索性研究的调查问卷(见附录3)。问卷采取李科特 5 级量表,请被访者在 1—5 之间进行选择。其中,"1"表示完全不同意,"5"表示完全同意,"3"表示中立。2008 年 4 月,对大连市的六家电影院进行了一次探索性研究的问卷调查。该调查采取随机抽样的方式,共发放问卷 340 份,回收有效问卷 310 份,问卷有效回收率为 91.18%。在有效样本中,男性、女性分别占 50%、50%。

　　探索性研究的样本概况见表 1 -1。

表 1 -1　探索性研究的样本概况

	人数	百分比(%)		人数	百分比(%)
性别			**教育程度**		
男	155	50.0	中学以下	8	2.6
女	155	50.0	中学或中专	75	24.2
年龄			大专	101	32.6
18 岁以下	18	5.8	本科	109	35.2
18—30 岁	237	76.5	硕士及硕士以上	17	5.5
31—40 岁	33	10.6	**家庭月收入**		
41—50 岁	15	4.8	1,500 元以下	38	12.3
51—60 岁	7	2.3	1,500—3,000 元	124	40.0
60 岁以上	0	0.0	3,001—4,500 元	94	30.3
职业			4,501—6,000 元	41	13.2
政府机关或事业单位职工	25	8.1	6,001—7,500 元	8	2.6
			7,500 元以上	5	1.6
企业职工	100	32.3	**是否经常到电影院看电影**		
个体工商户	31	10.0			
农民	1	0.3	经常	201	64.8
学生	89	28.7	不经常	109	35.2
其他	64	20.6			

数据分析包括探索性因子分析和可靠性分析两个部分。

康姆雷和李(Comrey & Lee,1992)认为,300个样本量足够进行因子分析。310个样本量满足上述要求。探索性因子分析的目的是为了从多个题项中提取少数几个能充分反映总体信息的因子。

在探索性因子分析之后,为了检验每个因子计量尺度的信度,还要进行可靠性分析。可靠性分析采用的指标是 Cronbach α(内部一致性系数)。美国统计学家海尔、安德森和泰森(Hair,Anderson & Tatham,1998)指出:Cronbach α大于0.7,表明数据可靠性较高;计量尺度中的题项小于6个时,Cronbach α大于0.6,表明数据是可靠的。[①]

二、电影院顾客体验影响因素的模型构建

在探索性因子分析和可靠性分析结果的基础上,本书将构建出电影院顾客体验影响因素的研究模型。

(一)探索性因子分析

探索性因子分析应用 SPSS 12.0 统计软件,采用主成分分析法并结合方差最大正交旋转。判断数据是否合适进行因子分析有两个统计指标:KMO 值、Bartlett 球体检验。

分析结果表明:探索性因子分析的 KMO 值为0.913,Bartlett 球体检验的卡方值为4,937.010(自由度为435),其显著性概率为0.000,小于1%,说明数据适宜做因子分析。另外,根据因子的陡阶检验取6个因子是比较合理的(见图1-4),取6个因子进行最大正交旋转,6个因

---

① Hair,J. F.,Anderson,R. E.,Tatham,R. L.,et al.,*Multivariate Data Analysis*(Fifth Edition),Upper Saddle River,NJ:Prentice Hall,1998,449.

子累计解释方差比例为63.647%。最后,因子1到因子6分别被命名为促销/展示、影院环境、服务功能质量、预期影片质量、便利性、合理价格,具体情况详见表1-2。

图1-4 电影院顾客体验影响因素量表的30个题项的因子分析陡阶检验

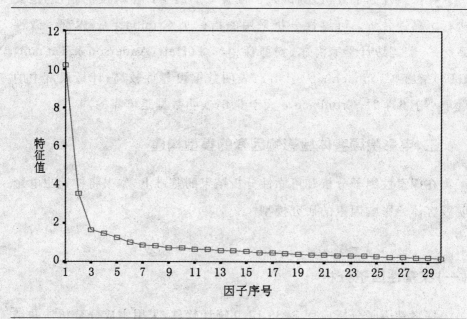

表1-2 因子分析正交旋转后的结果

题　项	因子变量					
	因子1 促销/展示	因子2 影院环境	因子3 服务功能 质量	因子4 预期影片 质量	因子5 便利性	因子6 合理价格
Q1:这家电影院的室内 温度令人舒适	0.159	**0.672**	0.069	-0.077	0.150	0.181
Q2:这家电影院有良好 的空气质量	0.161	**0.706**	0.051	0.083	0.140	0.172

Q3：这家电影院的影厅十分宽敞	0.156	**0.734**	0.111	0.177	0.138	0.044
Q4：这家电影院十分洁净	0.138	**0.677**	0.267	0.257	0.050	0.068
Q5：这家电影院的气氛十分温馨	0.191	**0.507**	0.424	0.228	0.217	0.167
Q6：在这家电影院感觉很安全	0.196	0.404	0.494	0.211	0.213	0.208
Q7：这家电影院的售票员十分友好	0.281	0.137	**0.776**	0.050	0.158	0.067
Q8：服务人员的服务水准很高	0.451	0.127	**0.722**	−0.014	0.052	0.115
Q9：这家电影院放映的时间很灵活	0.323	0.205	**0.513**	0.025	0.164	0.334
Q10：服务人员的服务意识很强	0.489	0.187	**0.687**	−0.033	0.000	0.152
Q11：对您来说，影片的质量十分重要	0.042	0.090	0.031	**0.789**	0.204	0.053
Q12：对您来说，影片的情节和内容十分重要	−0.032	0.172	0.103	**0.835**	0.101	−0.022
Q13：对您来说，能及时地看到最新影片十分重要	0.053	0.070	−0.076	**0.758**	0.124	0.092
Q14：对您来说，影片的声音和画面效果很重要	−0.077	0.081	0.092	**0.782**	0.176	0.049
Q15：这家电影院的售票价格很合理	0.170	0.152	−0.003	0.187	0.004	**0.746**
Q16：这家影院出售的食品、饮料的价格十分合理	0.380	−0.035	0.228	−0.126	−0.132	**0.674**
Q17：该电影院内的观众人数很多	**0.505**	0.049	0.323	0.077	0.011	0.374
Q18：该电影院内观众的素质很高	0.132	0.277	0.150	0.012	0.126	**0.701**
Q19：该电影院内的整体秩序十分良好	0.076	0.308	0.263	0.134	0.376	**0.520**

Q20:这家电影院有很好的硬件设施	**0.674**	0.287	0.274	0.000	0.138	-0.006
Q21:这家电影院的座椅很舒适	**0.531**	0.422	0.090	0.175	0.292	0.073
Q22:座位的位置对您来说很重要	0.195	0.153	-0.150	0.324	**0.626**	-0.080
Q23:这家电影院内卫生间干净且易找	0.249	0.313	0.121	0.228	**0.610**	0.034
Q24:这家电影院有很优越的地理位置	0.121	0.099	0.205	0.184	**0.785**	0.030
Q25:这家电影院的交通十分便利	0.199	0.170	0.156	0.140	**0.716**	0.140
Q26:这家电影院十分重视影片的宣传	**0.577**	0.033	0.313	0.031	0.316	0.164
Q27:这家电影院经常定期地举办优惠活动	**0.730**	0.064	0.139	0.004	0.194	0.189
Q28:这家电影院较好地运用了会员制、积分奖励等促销手段	**0.778**	0.207	0.067	-0.096	0.132	0.121
Q29:这家电影院的配套服务很到位	**0.720**	0.156	0.268	0.037	0.168	0.171
Q30:这家电影院有很多小食品等商品可供出售	**0.706**	0.179	0.291	0.032	0.038	0.148
特征值	4.636	3.252	3.112	3.045	2.665	2.383
解释方差的百分比(%)	15.455	10.840	10.374	10.151	8.883	7.944

(二)可靠性分析

在探索性因子分析之后,为了检验每个因子计量尺度的信度,还要进行可靠性分析。从表1-3可以看出,在六个维度(因子)中,每个因子的计量尺度的 Cronbach α 均大于 0.6,这说明电影院顾客体验影响因素的计量尺度全部通过了内部一致性信度检验。由此,本书得到了一个由六个维度(因子)、29个题项构成的电影院顾客体验影响因素的量表(见附录4)。

表1-3　可靠性分析

可靠性＼维度	促销/展示 (8个题项)	影院环境 (5个题项)	服务功能质量 (4个题项)	预期影片质量 (4个题项)	便利性 (4个题项)	合理价格 (4个题项)
Cronbach α	0.8897	0.8093	0.8620	0.8355	0.7900	0.7325

注:Q6由于其因子负荷系数较小而被删除。

(三)电影院顾客体验影响因素的模型构建

在上述数据分析的基础上,本书构建了一个电影院顾客体验影响因素的研究模型(见图1-5)。从这个模型中,我们可以看出:电影院的顾客体验取决于以下六个维度因素:促销/展示、影院环境、服务功能质量、预期影片质量、便利性、合理价格。

三、结论与讨论

此项研究把电影院作为自己的调研领域,通过定性研究和定量研究两个阶段,最终构建了电影院顾客体验影响因素的六维模型。该研究模型告诉我们:想要提供与众不同的顾客体验,电影院必须做好以下六个方面的工作:一是加大影片促销和有形展示的力度;二是营造舒适可人的影院环境;三是提升前台人员的服务水平;四是及时地让顾客观看到优质、最新的电影;五是提高影院的便利性;六是制定合理的价格水准。电影院顾客体验影响因素六维模型的构建,不仅对电影院进行体验设计、打造服务品牌有较强的指导作用,而且对其他服务行业(比如主题公园等)也有一定的参考和借鉴价值。

图1-5 电影院顾客体验影响因素的模型构建

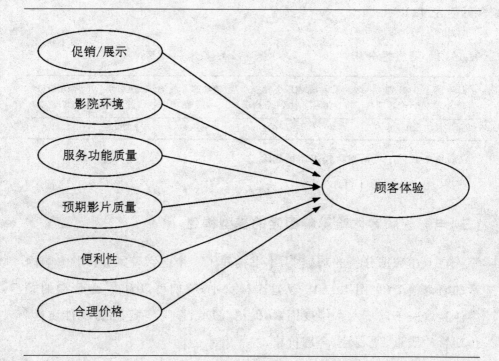

由于研究水平和研究条件的限制,研究中难免存在一定的局限性。譬如,在此项研究中,作者只对数据进行了探索性因子分析和可靠性分析,没有进行确认性因子分析,也没有从实证角度探究六个维度(因子)对顾客体验的作用机制。当然,此项研究只是起到抛砖引玉的作用,未来的研究可以从以下四个方面展开:

第一,为了验证上述模型的普适性,可以开展跨地域的实证调查,以得出更可靠的理论模型;

第二,可以采取实证研究的方法,研究上述六个影响因子对顾客体验的作用机制;

第三,可以选择主题公园、体育赛场等服务领域进行实证研究,以比

较这些服务领域与电影院之间在顾客体验前因对顾客体验作用机制上的异同;

第四,顾客体验是影响服务品牌忠诚度的核心因素,可以就顾客体验对服务品牌忠诚度(认知性忠诚度、情感性忠诚度、意向性忠诚度和行为性忠诚度)的影响开展相关的实证研究。

第四节 顾客体验对服务品牌忠诚度影响的实证研究:以电影放映业为例

在日趋激烈的市场竞争中,企业管理者已经清醒地认识到:品牌资产(品牌权益)是企业一项重要的无形资产,而品牌忠诚度又是品牌资产中最重要的组成部分。迄今,学术界对品牌忠诚度的研究已经持续了几十年的时间。美国著名学者阿克(Aaker,1991)在其撰写的《品牌资产管理》一书中,就探讨了品牌忠诚度的重要性。他指出,企业获得品牌忠诚度有四点好处,一是可以降低市场营销费用,二是可以产生巨大的商业杠杆作用,三是可以吸引更多的新顾客,四是可以有缓冲的时间对竞争威胁做出反应。[①]

通过对国内外品牌忠诚度相关文献的回顾,我们发现:国内外学者的相关研究主要集中在品牌忠诚度的计量、品牌忠诚度影响因素的探究上。在前人研究的基础上,奥立佛(Oliver,1999)根据品牌忠诚度的形成过程,将品牌忠诚度划分为认知性忠诚度、情感性忠诚度、意向性忠诚度和行为性忠诚度四大类。[②] 这种分类方式已得到学术界普遍认同,并被广泛应用于相关的实证研究中。目前,品牌忠诚度影响因素的相关研

---

① David A. Aaker, *Managing Brand Equity*, New York: The Free Press, 1991, 35 – 55.

② Oliver, R. L., "Whence Consumer Loyalty?" *Journal of Marketing*, 1999, 63 (Special Issue): 35 – 36.

究也日趋完善。总体而言,品牌忠诚度的影响因素主要可以分为三大类:第一类是交易认知类因素,如顾客价值(Blackwell, Szeinbach, Barnses, Garner & Bush, 1999)、认知风险(Ratchford, 2001; Erdem, 1998; Andrews & Manrai, 1998)和转换成本(Jones & Sasser, 1995; Fornell, 1992);第二类是关系情感类因素,如顾客满意度(Bloemer & Kasper, 1994)、顾客信任和顾客承诺(Chaudhuri & Holbrook, 2001; 汪纯孝、张丽云、温碧燕, 2006; Pritchard, Havitz & Howard, 1999; Garbarino & Johnson, 1999);第三类是行为情境类因素,如涉入程度(韩兆林, 1997)、社会规范(白长虹、刘炽, 2002)和情境因素(Fader & Schmittlein, 1993)。

当然,上述研究成果都是在其特定的社会经济背景下取得的。目前,随着社会经济形态正在从商品经济、服务经济向体验经济时代迈进。今天,提供令人难忘的顾客体验已经成为企业提高品牌忠诚度的一件利器,对于服务企业更是如此。著名学者阿克(Aaker, 1996)和斯图尔特(Stuart, 2006)就特别强调,顾客体验是决定服务品牌忠诚度的关键因素。概言之,在这样的时代背景下,就顾客体验对服务品牌忠诚度的影响进行研究就显得十分必要。目前,顾客体验对服务品牌忠诚度影响的相关研究大多局限于理论研究,即讨论如何进行体验设计提高服务品牌忠诚度等相关问题(Stuart, 2006; Smith & Wheeler, 2002; Haeckel, Carbone & Berry, 2003),实证研究相对较少。国内相关的实证研究正处于起步阶段,有很多行业有待探索和研究。其中,中国电影放映业是一个最值得探究的领域。

作者以中国电影放映业为例,就顾客体验对服务品牌忠诚度的影响进行实证研究,这一研究的理论意义在于:发现电影院顾客体验对服务品牌忠诚度的影响机理,弥补国内该领域匮乏实证研究的缺憾。这一研究的实践意义在于:让电影院认识到顾客体验对提升服务品牌忠诚度的重要性,打造出顾客心中与众不同的电影院服务品牌。

一、研究模型与研究假设

这一部分包括:电影院的顾客体验对服务品牌忠诚度影响的研究模型和研究假设。

(一)研究模型

在文献研究和先前所做的探索性研究的基础上,作者提出了电影院的顾客体验对服务品牌忠诚度影响的研究模型(见图 1-6)。在这里,顾客体验特指电影院的顾客体验,服务品牌忠诚度特指顾客对电影院服务品牌的忠诚度。

图 1-6　顾客体验对服务品牌忠诚度影响的研究模型

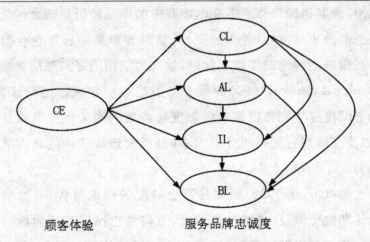

注:CE＝顾客体验;CL＝认知性忠诚度;AL＝情感性忠诚度;IL＝意向性忠诚度;BL＝行为性忠诚度。

(二)立论依据

在相关立论依据的基础上,作者就顾客体验与服务品牌忠诚度的关系、服务品牌忠诚度各个维度之间的关系提出了具体的研究假设。

1.顾客体验与服务品牌忠诚度的关系

派恩和吉尔摩(Pine Ⅱ & Gilmore,1998,1999)认为,一旦一个公司有意识地以服务作为舞台、以商品作为道具来使消费者融入其中,这种新的经济提供物——体验就产生了。体验就是使每个顾客以个性化的方式参与其中的事件。后来,他们又认为,体验事实上是当一个人达到情绪、体力、智力甚至精神的某一特定水平时,他意识中所产生的美好感觉。因此,本书认为,顾客体验是指在企业提供的消费情境中,顾客在与企业的产品、服务、其他事物等发生互动关系的全过程中的难忘经历和感受。顾客体验是由企业提供(引发)的,它的优劣取决于顾客的整体感受。这里,顾客体验特指顾客在电影院中的难忘经历与感受。

服务品牌忠诚度(服务忠诚度)是指顾客对某一服务企业的品牌忠诚度。在服务品牌忠诚度概念化中,被广为引用的定义是格兰姆勒和布朗(Gremler & Brown,1996)的服务品牌忠诚度定义。他们认为,服务(品牌)忠诚度是指顾客以积极的态度向特定的服务供应商重复购买的程度,以及在增加对同类服务的需求时,继续选择该供应商为唯一供应源的倾向。

奥立佛(Oliver,1999)根据品牌忠诚度的形成过程,将品牌忠诚度划分为认知性忠诚度、情感性忠诚度、意向性忠诚度和行为性忠诚度四个维度。从格兰姆勒和布朗(Gremler & Brown,1996)的定义也可以看出,服务品牌忠诚度是一个综合性的概念,包括认知、情感、意向、行为等内容。后来,格兰姆勒、布朗、比特纳和潘拉索拉曼(Gremler,Brown,

Bitner & Parasuraman,2001)在银行业和牙医业所做的实证研究,就将服务品牌忠诚度视为一个四维的概念,从认知性忠诚度、情感性忠诚度、意向性忠诚度和行为性忠诚度计量服务品牌忠诚度。

基于奥立佛(Oliver,1999)、格兰姆勒和布朗(Gremler & Brown,1996)的研究成果,本书认为:服务品牌忠诚度是一个综合性的概念,它包括认知性忠诚度、情感性忠诚度、意向性忠诚度和行为性忠诚四个维度。换句话讲,它是指一个顾客对某服务企业拥有积极的认知和情感、当出现同类服务需要时将该服务企业作为唯一选择的意愿,以及长期重复购买该服务企业服务的程度。

斯图尔特(Stuart,2006)指出,难忘的顾客体验能够强化顾客和服务企业的关系,加深顾客对服务品牌的忠诚度,并最终提高服务企业的盈利水平。海克尔、卡博尼和贝里(Haeckel,Carbone & Berry,2003)也指出,顾客的整体体验能够直接影响口碑传播和再购意向。顾客体验对服务品牌忠诚度的影响作用,在一定程度上也得到了实证研究的支持。在2001年和2002年,沟通公司ADK做了1000多人的调查,结果发现:顾客的商店和网站体验与顾客的购买意图有一定的相关性,相关系数超过0.7(Schmitt,2003)。普尔曼和格罗斯(Pullman & Gross,2003,2004)对旅游业的贵宾帐篷服务所做的实证研究,以及国内学者杨晓东(2007)对餐饮业的快餐厅所做的实证研究都发现,顾客的情感体验对顾客忠诚行为有直接的正向影响。根据以上分析,本书做出如下假设。

H_1:顾客体验对认知性忠诚度有直接的正向影响。

H_2:顾客体验对情感性忠诚度有直接的正向影响。

H_3:顾客体验对意向性忠诚度有直接的正向影响。

H_4:顾客体验对行为性忠诚度有直接的正向影响。

2.服务品牌忠诚度各个维度之间的关系

由上可知,服务品牌忠诚度是一个综合性的概念,包括认知性忠诚度、情感性忠诚度、意向性忠诚度和行为性忠诚度四个维度。对于服务企业来说，顾客的行为忠诚可能只是一种虚假忠诚。譬如，这些顾客一旦在市场中找到更好的替代服务，就可能会转向其他的服务企业。可见，只有在认知、情感、意向和行为上都对企业品牌忠诚的顾客才是对企业真正忠诚的顾客。此外，上述四个维度之间还存在内在的逻辑关系。

奥立佛（Oliver，1999）认为，品牌忠诚度应该按照"认知—情感—意向—行为"模式顺序发展。该模式认为，顾客首先进入认知性忠诚度阶段，在这一阶段，顾客基于前期间接的知识或近期所体验的信息，形成对某一品牌认知感觉上肤浅的忠诚度。情感性忠诚度是品牌忠诚度发展的第二阶段，表示顾客对某种品牌的喜欢或态度；它在产品使用中由于满意的累积而得以发展，反映了满意实现的快乐程度。品牌忠诚度发展的第三阶段是意向性忠诚度，意向性忠诚度是顾客对重购意向持有强烈的承诺。实际上，顾客的重购意向可能只是一个期待，并没有现实的行动。最后，在行为性忠诚度阶段，前期忠诚状态中引发的重购意向被转化成准备就绪的行动，并在这一行动中伴有克服可能行动障碍的强烈欲望，最终购买行为的发生被认为是必然的结果。如果这种情形能被重复，那么行为惯性就会促使重复购买的不断出现。概言之，顾客在前一个阶段形成的忠诚度会影响他们后一阶段的忠诚度的发展。也就是说，这四个维度是一个有序发展的过程。

韩小芸、汪纯孝（2003）对民航公司、移动通信、医院、银行、宾馆和美容院六类服务性企业所做的实证研究发现：在六类样本中，认知性忠诚度直接地正向影响情感性忠诚度和意向性忠诚度，情感性忠诚度直接地正向影响意向性忠诚度，意向性忠诚度直接地正向影响行为性忠诚度；在民航公司、银行这两类样本中，情感性忠诚度直接地正向影响行为性忠诚度。顾春梅、苏如华（2006）对汽车销售服务业所做的实证研究则发现:认知性忠诚度直接地正向影响情感性忠诚度、意向性忠诚度和行为性忠诚度,情感性忠诚度直接地正向影响意向性忠诚度,意向性忠诚度直接地正向影响行为性忠诚度。根据以上分析,本书做出如下假设。

H_5:认知性忠诚度对情感性忠诚度有直接的正向影响。

H_6:认知性忠诚度对意向性忠诚度有直接的正向影响。

H_7:认知性忠诚度对行为性忠诚度有直接的正向影响。

H_8:情感性忠诚度对意向性忠诚度有直接的正向影响。

H_9:情感性忠诚度对行为性忠诚度有直接的正向影响。

H_{10}:意向性忠诚度对行为性忠诚度有直接的正向影响。

二、研究方法

本部分主要介绍的是正式研究的数据收集及其分析方法。

(一)数据收集

在正式研究之前,作者已对大连市的六家电影院进行了探索性研究。在正式研究中,根据探索性研究的结果对调查问卷进行了修正,形成正式研究的调查问卷(见附录4)。2008年5月,作者先后在大连市、沈阳市的十家电影院进行了一次正式研究的问卷调查。该调查采取随机抽样的方式,共发放问卷556份,回收有效问卷518份,问卷有效回收率为93.17%。在有效样本中,男性、女性分别占50%、50%。

正式研究的样本概况见表1-4。

表 1-4 正式研究的样本概况

	人数	百分比(%)		人数	百分比(%)
性别			**教育程度**		
男	259	50.0	中学以下	14	2.7
女	259	50.0	中学或中专	137	26.4
年龄			大专	172	33.2
18 岁以下	26	5.0	本科	171	33.0
18—30 岁	369	71.2	硕士及硕士以上	24	4.6
31—40 岁	64	12.4	**家庭月收入**		
41—50 岁	41	7.9	1,500 元以下	63	12.2
51—60 岁	16	3.1	1,500—3,000 元	241	46.5
60 岁以上	2	0.4	3,001—4,500 元	138	26.6
职业			4,501—6,000 元	55	10.6
政府机关或事业单位职工	44	8.5	6,001—7,500 元	10	1.9
			7,500 元以上	11	2.1
企业职工	164	31.7	**是否经常到电影院看电影**		
个体工商户	62	12.0			
农民	1	0.2	经常	288	55.6
学生	131	25.3	不经常	230	44.4
其他	116	22.4			

(二)分析方法

正式研究应用 SPSS 12.0 和 LISREL 8.51 统计软件对数据进行计量模型分析,还应用 LISREL 8.51 统计软件进行结构模型分析。计量模型表示各个变量是由哪些指标来计量的;计量模型分析主要是对正式研究计量尺度的数据质量进行检验,其包括可靠性分析和确认性因子分析。其中,可靠性分析主要用内部一致性系数(Cronbach α)进行评估,确认性因子分析旨在检验正式问卷中计量尺度的收敛效度、判别效度以及计量模型与数据的拟合程度。结构模型表示不同变量之间的定量关系；结构模型分析主要目的在于考察不同变量之间的路径影响关系，从而对正式研究的假设与模型（见图 1－6）进行检验/修正。

在数据分析过程中，本书遵循了近些年国内外学者普遍采用的做法（温碧燕、汪纯孝、岑成德，2004；Mavonodo & Farrell，2000），即将每个变量的计量题项划分为数目更少的子指标，一般是将每个变量的多个题项合并为 2 个子指标，再以每个子指标的题项评分的平均值作为其相应的取值。这种做法可减少模型中待估计参数数量，降低样本量，减少各个计量题项的随机误差对模型分析结果的影响，增强参数估计结果的稳定性。[①]

三、数据分析过程

正式研究的数据分析过程包括计量模型分析、结构模型分析、研究模型的修正三个阶段。

(一)计量模型分析

计量模型分析包括可靠性分析和确认性因子分析两个部分。

1.可靠性分析

在实证研究中，学术界普遍采用内部一致性系数（Cronbach α），检验计量尺度的可靠性。这里，我们应用 SPSS 12.0 统计软件，计算各个计量尺度的内部一致性系数，以检验正式研究计量尺度的内部一致可靠性。美国统计学家海尔、安德森和泰森等指出：Cronbach α 大于 0.7，表明数

[①]　温碧燕、汪纯孝、岑成德：《服务公平性、顾客消费情感与顾客和企业的关系》，中山大学出版社 2004 年版，第 56－57 页。

据可靠性较高;计量尺度中的题项小于 6 个时,Cronbach α 大于 0.6,表明数据是可靠的(韩小芸、汪纯孝,2003;Hair,Anderson & Tatham,1998)。从可靠性分析得知,顾客体验、认知性忠诚度、情感性忠诚度、意向性忠诚度和行为性忠诚度的内部一致性系数分别为 0.7312、0.8695、0.9076、0.8517、0.9177,表明各个计量尺度都比较可靠。

2.确认性因子分析

确认性因子分析旨在检验正式问卷中计量尺度的收敛效度、判别效度以及计量模型与数据的拟合程度。在确认性因子分析中,本书应用的是 LISREL 8.51 统计软件。

(1)收敛效度分析

收敛效度分析旨在检验同一变量不同指标之间的相关度。从表 1-5 可以看出,所有指标在其相应变量上的标准化因子负荷系数都高度显著(T 值大于 3.725),表明计量尺度有较高的收敛效度。

表 1-5　指标在变量上的因子负荷

变量	指标	标准化因子负荷系数值	T 值
CE	CE1	0.82	17.71*
	CE2	0.71	15.62*
CL	CL1	0.86	23.52*
	CL2	0.86	23.62*
AL	AL1	0.88	24.80*
	AL2	0.87	24.28*
I L	I L1	0.91	25.97*
	I L2	0.85	23.49*
BL	BL1	0.93	26.86*
	BL2	0.89	25.06*

注:* 表示显著性水平在 0.001(T 值临界值为 3.725),表中变量和指标代码的含义与图 1-6 相同。

(2)判别效度分析

判别效度分析旨在检验某一特定变量与其他变量之间的差异程度。从确认性因子分析结果可以看出,任意两个变量之间的相关系数加减 1.96 倍的标准误不包含 1(黄芳铭,2005),每个变量的两个指标之间的相关系数都大于这两个指标与其他变量的任一个指标的相关系数(Campbell & Fiske,1959),上述情况表明计量尺度有较高的判别效度。

(3)计量模型与数据的拟合程度

学术界普遍认为,规范拟合指数(NFI)、不规范拟合指数(NNFI)、比较拟合指数(CFI)、增量拟合指数(IFI)、相对拟合指数(RFI)、拟合优度指数(GFI)和调整后拟合优度指数(AGFI)的值大于 0.9,均方根残差(RMR)的值小于 0.035,近似的均方根误差(RMSEA)的值小于 0.08,表明模型与数据的拟合程度较高。[1]

从确认性因子分析的结果可以看出:NFI(0.99)、NNFI(0.99)、CFI(0.99)、IFI(0.99)、RFI(0.98)、GFI(0.98)、AGFI(0.96)均大于 0.9,RMR(0.014)小于 0.035,RMSEA(0.040)小于 0.08。综合上述指标,我们不难得出:该计量模型与数据有较高的拟合程度。

(二)结构模型分析

结构模型描述的是不同变量之间定量关系的模型。结构模型分析旨在考察不同变量之间的路径影响关系,从而对正式研究的假设与模型(见图 1-6)进行检验。在结构模型分析中,我们应用的是 LISREL 8.51统计软件。

---

[1] 韩小芸、汪纯孝:《服务性企业顾客满意感与忠诚感关系》,清华大学出版社 2003 年版,第76 页。

结构模型与数据拟合程度的分析结果显示：NFI(0.99)、NNFI(0.99)、CFI(0.99)、IFI(0.99)、RFI(0.98)、GFI(0.98)、AGFI(0.96)均大于0.9，RMR(0.014)小于0.035，RMSEA(0.046)小于0.08。综合上述指标，我们不难得出：该结构模型与数据有较高的拟合程度。这表明原有研究模型的设定是可接受的。此外，从标准化路径系数的分析结果可以发现（见表1-6）：在十条假设路径中，有四条路径的标准化路径系数没有通过显著性检验，这四条路径相对应的研究假设 H_2、H_4、H_6 和 H_9 没有得到实证数据的支持。其余六条路径的标准化路径系数均通过了显著性检验，这六条路径相对应的研究假设 H_1、H_3、H_5、H_7、H_8 和 H_{10} 都得到实证数据的支持。这些假设路径的标准化路径系数在 0.13—0.94之间，而 T 值在 2.74—18.24 之间。

表1-6 结构模型分析的结果

假设	关系	标准化路径系数值	T值	假设检验结果
H_1	CE→CL	0.65**	14.43	支持
H_2	CE→AL	−0.01	−0.30	拒绝
H_3	CE→I L	0.13**	3.17	支持
H_4	CE→BL	−0.02	−0.49	拒绝
H_5	CL→AL	0.94**	18.24	支持
H_6	CL→I L	−0.04	−0.27	拒绝
H_7	CL→BL	0.39*	2.74	支持
H_8	AL→I L	0.89**	6.27	支持
H_9	AL→BL	0.00	0.01	拒绝
H_{10}	I L→BL	0.51**	3.65	支持

注：研究假设都是方向性的，故采用单尾检验。* 表示 T 值大于 1.708，$P<0.05$；* * 表示 T 值大于 2.787，$P<0.005$。

（三）研究模型的修正

　　由于原有的研究模型（见图1-6）的一些假设路径没有得到实证数据的支持（见表1-6），为此，作者对原有的研究模型进行修正，删除了该模型中所有不显著的假设路径。由此，本书得到了修正后的电影院顾客体验对服务品牌忠诚度影响的最终模型（见图1-7）。

图1-7　顾客体验对服务品牌忠诚度影响的最终模型

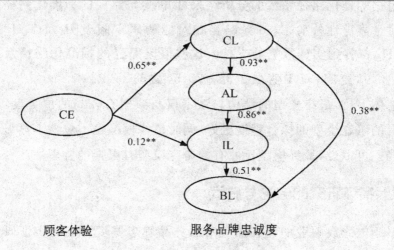

　　　　顾客体验　　　　　　　　　服务品牌忠诚度

注：图中变量代码的含义与图1-6相同。** 表示 T 值大于 2.756，P <0.005。

　　作者再次对最终模型进行了结构模型分析，以检验其结构模型与数据的拟合程度。其结构模型与数据的拟合程度的分析结果显示：NFI（0.99）、NNFI（0.99）、CFI（0.99）、IFI（0.99）、RFI（0.98）、GFI（0.98）、AGFI（0.97）均大于 0.9，RMR（0.014）小于 0.035，RMSEA（0.040）小于 0.08。由上可知，最终模型的结构模型与数据有较高的拟合程度。

因原有的研究模型和最终模型并不存在嵌套关系，故我们可根据阿凯克信息标准（AIC）、一致性阿凯克信息标准（CAIC）、简约的规范拟合指数（PNFI）、简约的拟合优度指数（PGFI）这四个指标比较两个模型的优劣。美国统计学家海尔、安德森和泰森（Hair, Anderson & Tatham, 1998）指出，AIC 值、CAIC 值较小，PNFI、PGFI 数值较大的模型与数据的拟合程度较好。[①] 原有的研究模型的 AIC、CAIC、PNFI、PGFI 的数值分别为 120.43、286.09、0.55、0.45，而最终模型的数值分别为 113.13、256.70、0.64、0.52。相比之下，最终模型的 AIC、CAIC 较小，PNFI、PGFI 较大。由此得出，最终模型与数据的拟合程度更好。

另据标准化路径系数的分析结果可知：6 条路径的标准化路径系数均通过了显著性检验，这 6 条路径相对应的研究假设 H_1、H_3、H_5、H_7、H_8 和 H_{10} 都得到实证数据的支持。这些假设路径的标准化路径系数在 0.12—0.93 之间，而 T 值在 3.38—25.54 之间。

总体上讲，最终模型的结构模型不仅与数据有较高的拟合度，而且比原有的研究模型的拟合程度更好，同时最终模型也不包含不显著的假设路径。可以说，最终模型比原有的研究模型有更强的合理性。

四、实证研究的结论与启示

基于电影放映业的顾客体验对服务品牌忠诚度影响的实证研究的结论与启示如下。

（一）研究结论

第一，顾客体验对认知性忠诚度、意向性忠诚度有直接的正向影响，

[①] Hair, J. F., Anderson, R. E., Tatham, R. L., et al., *Multivariate Data Analysis* (Fifth Edition), Upper Saddle River, NJ: Prentice Hall, 1998, 492-494.

而对情感性忠诚度、行为性忠诚度没有直接的正向影响。

第二,认知性忠诚度对情感性忠诚度、行为性忠诚度有直接的正向影响,而对意向性忠诚度没有直接的正向影响。

第三,情感性忠诚度对意向性忠诚度有直接的正向影响,而对行为性忠诚度没有直接的正向影响。

第四,意向性忠诚度对行为性忠诚度有直接的正向影响。

(二)研究贡献、局限性和管理启示

以下是该实证研究的研究贡献、局限性和管理启示。

1.研究贡献

作者在现有文献研究和先前所做的探索性研究的基础上,以电影放映业为例构建了顾客体验对服务品牌忠诚度影响的研究模型。根据实证研究的结果,作者对最初的研究模型进行了修正,验证并得到了最终的顾客体验对服务品牌忠诚度影响的研究模型。顾客体验对服务品牌忠诚度影响的最终模型,全面地揭示了顾客体验对服务品牌忠诚度的作用机制,充分地回答了两个方面的问题:一是顾客体验如何影响服务品牌忠诚度的各个维度,二是服务品牌忠诚度的各个维度之间存在何种关系。

2.研究的局限性

该项研究的局限性主要体现在以下四个方面:

第一,该项研究虽已对辽宁省大连市和沈阳市的顾客进行了实证研究,但在跨地域研究方面仍存在不足;

第二,该项研究只收集了同一时点的截面数据,没有进行纵向的跟踪研究;

第三,顾客体验是个多维的概念,该项研究中只将其视为一维的综

合性概念;

第四,该项研究只探究了顾客体验与服务品牌忠诚度之间的因果关系,没有涉及其他的变量。

3.管理启示

上述研究结论为中国电影放映企业提升服务品牌忠诚度提供了以下管理启示。

第一,电影院要提供令人难忘的顾客体验,打造顾客体验驱动型的服务品牌。

如今的顾客对电影院的品牌忠诚度为何如此低? 原因在于:电影院之间差异性小、品牌营销策略趋同,顾客感觉不到电影院之间的差异,也体验不到某个电影院能给自己带来何种独特价值。顾客走进电影院往往不是出于其对影院的忠诚,更多的是出于对影片(以及演员和导演)的忠诚,电影院只不过是放映场所而已。如果仅仅作为放映场所,电影院永远不能成为差异化的服务品牌。上述研究结论已经告诉我们,顾客体验对认知性忠诚度、意向性忠诚度有直接的正向影响,对情感性忠诚度、行为性忠诚度有间接的正向影响。所以,在提升服务品牌忠诚度上,顾客体验的质量、差异性就显得至关重要。怎样才能提高顾客体验的质量和差异性呢? 除了要注重影院建设外,就是要设计满足顾客需求的体验主题。比如,针对年长的顾客,电影院可以举办以怀旧为主题的经典电影放映周等活动。著名导演谢晋刚刚去世的时候,电影院就可以借机举办谢晋电影回顾展。

第二,电影院要把握服务品牌忠诚度的形成机理,全面考察其认知、情感、意向和行为四个维度。

该项研究表明,顾客在前一个阶段形成的忠诚度会影响他们后一阶段的忠诚度的发展。对顾客来说,认知性忠诚度、情感性忠诚度、意向性忠诚度越高,行为性忠诚度就越高。反过来,却不一定成立。原因在于,顾客的行为性忠诚度可能是顾客的行为惯性和企业的市场垄断地位使然。可见,行为忠诚的顾客并不是真正忠诚的顾客。因此,在服务品牌忠诚度的计量上,电影院不仅要考察顾客的行为性忠诚度,更要考察顾客的认知性忠诚度、情感性忠诚度和意向性忠诚度。与此同时,在体验营销的实战上,电影院既要懂得维持真正忠诚者,又要懂得挖掘潜在忠诚者,让更多的潜在忠诚者发展成为真正忠诚者。

第五节　塑造以顾客体验为核心的百货商场品牌

在零售领域中,中国的传统百货业曾经一直占据着主导地位。迈入21世纪,中国的传统百货业却受到了巨大的冲击,百货商场接二连三地倒闭,百货业的利润率和市场份额也逐年下降。一直稳居中国零售百货业龙头地位的上海第一百货商店股份公司,2000年将"第一"的交椅让给了上海联华超市公司,同年百货业毛利率,同比下降7%;另据中华全国商业信息中心对全国重点大型百货零售集团、股份有限公司和百货单体店的统计,2002年商品销售利润率分别为0.97%(2001年为1.34%)、1.02%(2001年为1.2%)、2.4%(2001年为2.8%)。目前,因受国际金融危机等因素的影响,未来几年中国的传统百货业面临的挑战依然十分严峻。麦肯锡咨询公司曾在一份报告中预言:在未来3—5年内,中国百货零售业60%的市场将由3—5家世界级零售巨头掌握,30%的市场将由国家级零售巨头把持,剩下10%的零售则掌握在区域性零售巨头手中。在巨大的市场压力下,中国的传统百货业如何才能东山再起、重振雄风呢?作者认为,就是要塑造以顾客体验为核心的百货商场品牌。

一、百货商场品牌化的必要性

在商品日趋同质化的今天,各大百货商场销售的商品可谓大同小异。百货商场仅仅依靠商品取胜的时代已一去不复返了。对于百货企业来说,百货商场品牌化才是今后百货企业稳健发展的根本。

(一)品牌化是百货商场服务特性的必然要求

百货商场隶属于服务行业。就其零售服务的本质而言,百货商场除了向顾客销售有形的实体产品外,更重要的是凭借商场的服务设施向顾客提供一种无形的服务,顾客最终得到的是对服务过程的一种体验。与其他的服务一样,商场提供的零售服务也具有无形性,异质性,无法存储、生产和消费同时发生等特性。同时,零售服务的设计不受法律的保护,极易为竞争对手所效仿。零售服务的上述特性要求百货商场必须实施品牌化经营。商场品牌的塑造作为市场竞争的一件利器,它不仅可以将零售服务有形化,而且可以有效抵御竞争对手的侵扰。对于顾客来说,良好的商场品牌代表了百货企业对顾客的承诺,是让顾客放心购买的重要保证,可有效简化决策程序并降低顾客的购买风险。对于企业来说,百货商场的品牌化可以提高商场的品牌形象,使自己的产品、服务与竞争对手的产品、服务区别开来,并获得更高的品牌溢价。

(二)品牌化是百货商场顺应市场消费变化的战略选择

当下中国社会步入了一个感性消费的时代。随着人们收入水平和生活质量的提高,现代社会人们的消费需求发生了很大的变化。人们的消费观念不再停留于仅仅获得更多的物质产品以及获得产品本身。相反，顾客越来越多地是出于象征意义与体验价值的目的去购买商品，即人们更加注重通过消费获得个性的满足。不难发现，目前百货商场的顾客越来越重视商场品牌所带来的非功能性价值，即百货商场的顾客不仅关注商品的档次，更关注在购物过程中得到精神的愉悦和个性的满足。1998 年以后，发达国家的百货商场实行了品牌化经营，有效地遏制了百货业的下滑速度，巩固了其引领时尚、追求品位的独特地位。如今，日本消费者已经形成了很明显的消费倾向：要服务、要体面就到百货商场；要便宜、要节约时间就去超市和卖场。实践证明：为了顺应顾客个性化的消费需求，百货商场必须突出办店特色、实行品牌化经营。毫不夸张地说，百货商场品牌化是百货企业生死攸关的战略选择。

（三）品牌化是百货商场保持顾客"商场品牌忠诚"的现实需要

从一定意义上讲，忠诚的顾客是百货商场的立业之本。而没有差异化的商场品牌，就不可能长期拥有忠诚的顾客。百货商场品牌与一般商品品牌最大的不同之处在于购买行为与过程的差异。就一般商品品牌而言，顾客购买的是品牌所代表的产品，但百货商场品牌的顾客最终购买的却不是百货商场，而是百货商场中的商品，百货商场只不过是它的媒介而已。如果仅作为媒介而言，百货商场就难以形成差异化的品牌（章志平，2005）。因此，百货商场要蜕变为差异化的品牌，就必须赋予顾客商品以外的附加价值，让顾客在购物过程中获得难忘的独特体验。在众多的购物者当中，百货商场品牌化经营能够有效地将"商品品牌忠诚"的顾客转化为"商场品牌忠诚"的顾客。

具体地讲，"商品品牌忠诚"是指消费者对某一商品品牌具有特别偏好和在较长时间里重复选择该品牌的倾向。"商场品牌忠诚"是指顾客喜欢并且习惯性地光顾同一家商店去购买一种类型的商品（利维、韦茨，

2000)。在众多的购物者当中,大量存在的是"商品品牌忠诚"的顾客,而非"商场品牌忠诚"的顾客。相比较而言,百货商场更需要"商场品牌忠诚"的顾客。只有拥有大量"商场品牌忠诚"的顾客,才能有效地规避商业风险,确保百货企业长期稳定地向前发展。相反,倘若百货商场拥有的只是大量"商品品牌忠诚"的顾客,那么这家商场在后续经营中就面临很多风险。譬如,一旦出售的商品品牌有所变化,就会丧失掉大批顾客。从现实需要的角度上看,为了长期拥有"商场品牌忠诚"的顾客,百货商场必须实行品牌化经营。百货商场品牌化的目的在于:将顾客的购买行为模式从"商品品牌—商场品牌"向"商场品牌—商品品牌"转变(见图1-8),最终形成顾客对商场品牌的忠诚。也就是让顾客喜欢并且习惯性地光顾同一家商场去购买一种类型的商品,而不是让顾客喜欢某一商品才去光顾拥有该商品的商场。

图1-8 百货商场品牌化的目的

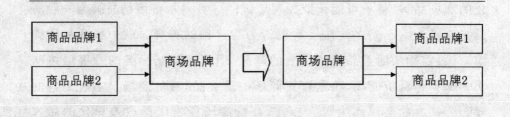

二、顾客体验:百货商场品牌化的核心

传统意义上的品牌是指用来区分不同企业提供的产品或服务的名称、术语、符号、标志或其他属性。从零售服务的角度看,该定义有两点不足:一是忽略了服务作为过程的重要特征,二是将顾客排除在外。目前,利用传统观念进行品牌化经营的百货商场不胜枚举,但成功的范例

却寥寥无几。其原因在于：百货商场品牌不仅仅是一种标识，最重要的是商场品牌也是最基本的体验"提供者"。服务消费是过程消费，顾客体验才是百货商场品牌化的核心（见图1-9）。百货商场品牌塑造不单要有与众不同的标识设计，还要诉诸于顾客的品牌体验。基于顾客体验的品牌观念认为：商场品牌的品牌化过程其实都是一种顾客体验过程，这一过程推动着商场和顾客之间的价值和关系的共同成长。

图1-9 顾客体验：百货商场品牌化的核心

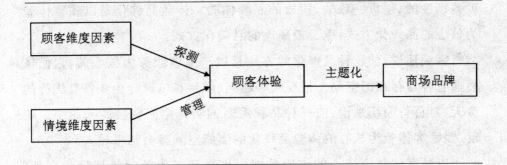

（一）从入门品牌化、特征品牌化、形象品牌化到体验品牌化

目前，百货商场品牌化有四种方式：入门品牌化、特征品牌化、形象品牌化和体验品牌化（陈启杰，2002）。

1. 入门品牌化

入门品牌化仅限于传播百货商场的品牌名称和企业形象，其重点在于快速提升百货商场的品牌知名度。但是，其没有为顾客提供该百货商场优于竞争对手的理由。它是最低级的品牌化方式。

2. 特征品牌化

特征品牌化重点传播百货商场与竞争对手在产品和服务上具有区

别性的特征。当在产品和服务上与其他商场具有显著区别时,百货商场就可实行特征品牌化。

3.形象品牌化

形象品牌化重点传播对顾客情感具有感染力以及与顾客的追求相一致的形象。其一般是利用媒介、代言人来传递隐含的商场品牌信息,塑造与顾客的追求相一致的形象。

4.体验品牌化

体验品牌化强调商场服务过程的管理,让顾客在购物过程中获得高度差别性的、连贯一致的、积极的品牌体验。体验品牌化是以顾客体验为核心的品牌化方式,也是最高级的品牌化方式。

客观地说,前三种品牌化的方式是以产品或服务为核心的,它们依然拥有各自存在的空间。但在战略趋同、顾客难以区分企业各自优势的今天,对百货商场来说,前三种品牌策略的实施空间将会越来越小。相反,以顾客体验为核心的体验品牌化的实施空间将会越来越大。

以顾客体验为核心的体验品牌化也得到了服务营销理论的支持。贝里(Berry,2000)曾提出一个服务品牌化模型。在该模型中,他特别将顾客体验放在最重要的位置上。他认为,顾客体验是决定服务企业品牌资产的关键因素。对企业服务有较少或没有直接体验的新顾客来说,传播对他们形成企业品牌印象有较大的影响作用。因为企业呈现的品牌和外部品牌传播是一个新顾客形成企业品牌印象的唯一线索。然而,当顾客体验了企业的所有产品,这些体验会变得更具影响力。基于顾客体验的信念是强有力的。如果顾客体验与广告信息不一致,顾客相信的是他们的体验,而非广告信息。

(二)百货商场内影响顾客体验的主要因素

商场的服务过程即顾客的体验过程。在服务过程中,有诸多因素影响着顾客体验。下面从顾客和情境两个维度探究影响顾客体验的主要因素。

1.顾客维度因素

顾客维度因素是影响顾客体验的内部维度因素。顾客体验要满足顾客的内在需要。具有功利倾向的产品动机下,顾客体验是由顾客购物和获得产品信息的需要引发的;具有享乐倾向的体验动机下,顾客体验是由顾客的娱乐需要引发的。营销学者已经发现:顾客一般是为了享乐与功利目的进行购物的,以上两种购物类型都能引发顾客积极的情绪。研究还发现:顾客不仅把商场看作是购物的场所,而且把它看作是其他活动(如娱乐、与朋友交往等)的场所(Dawson,Bloch & Ridgway,1990)。一般情况下,在顾客体验中都或多或少包括功利和享乐两种倾向。

2.情境维度因素

情境维度因素是商场内影响顾客体验的外部维度因素。情境维度因素涉及以下主要因素。

(1)购物环境

购物环境指商场用来树立形象和吸引顾客的实体特征。商场里的设计、照明、空气和地面的清洁程度等环境因素极大地影响顾客对整个购物过程的感知和情感。研究发现:商场本身能够提供独特的环境,这种环境还可以影响顾客是否光顾该商场的决定;顾客在进行日常用品采购时,通常会受到购物环境的影响,并且许多购买决定是临时才做出的(Baker,Grewal,Parasuraman,1994)。同时,购物环境可以影响顾客的

快乐和兴奋水平;而加强顾客的快乐和兴奋水平有利于顾客感知和情感体验。

(2)零售气氛

零售气氛指商场通过举办促销和公关活动等而营造出的团体气氛。好奇和从众是顾客的两大心理特征。在生活方式变化的趋势中,在对新产品的试用和采纳上,团体的影响自然地成为关键的因素。零售商场通过温馨、快乐、有趣的现场秀,可以吸引顾客的目光,消除商场和顾客之间的隔阂,能让更广泛的顾客参与其中,并达到直接促进销售的目的。在互动的零售气氛中,顾客直接感受到商场的产品、服务和文化,进一步激发和加深了自己对商场的好感和了解。

(3)商品价值

商品价值指顾客在所得与所失的感知基础上,对某一商品效用的总体评价。若商品价值达到顾客的期望时,顾客就会对商品乃至购物过程做出肯定的评价,并引发正面的情感;若商品价值未达到顾客的期望时,顾客就会对商品乃至购物过程做出否定的评价,并引发负面的情感。

(4)服务质量

服务质量指顾客所感知的质量,它取决于顾客对服务质量的期望同他实际感知的服务水平的对比。服务质量包括服务结果质量和服务过程质量。(以人为主的)服务过程质量与企业的服务方法、服务程序,以及服务人员的仪表仪态、服务态度、服务行为方式有关。服务质量的高低也会直接影响顾客对整个购物过程的感知和情感。

三、以顾客体验为核心百货商场品牌化的实施方略

毫无疑问,顾客(购物)体验的过程即顾客与百货商场的互动过程。一般来讲,顾客体验通常不是自发的而是诱发的。在两者的互动过程中,百货商场对顾客体验起着至关重要的作用。因此,在以顾客体验为

核心的品牌塑造中,百货商场不仅要做好顾客体验的"探测器",更要做好顾客体验的"诱发器"。具体地讲,百货商场要做好以下三个方面的工作(见图1-9)。

(一)探测顾客体验需求,满足高中端时尚消费

塑造以顾客体验为核心的百货商场品牌,其首要前提就是要清楚地了解顾客的体验需求。由于顾客体验的主观性和动态性等特点,百货企业一般无法洞察顾客体验的全部需求。因此,百货企业要定期开展市场调研工作,探测这些顾客的需求,并根据这些需求来提供相应的商品、服务和环境,惟此才能做到想顾客之所想,急顾客之所急,供顾客之所需。

众所周知,百货商场面对的是一个庞大的异质市场。在这个市场上,不同的顾客群体在体验需求的程度上存在很大的差异。百货商场要满足所有顾客的体验需求是不现实的。在目标市场的选择上,百货商场不仅要了解顾客的体验需求,而且要发挥自身的长处。与其他零售业态相比,百货商场在引领消费时尚、改变消费观念方面有着得天独厚的优势。据统计,中国具有较强经济实力的消费者约占总人口的10%左右,而且这一比例呈继续扩大的趋势,所以对高中端时尚体验的需求前景广阔。而这10%的高中端顾客无疑是百货商场的首选市场。实践证明:百货商场要在激烈的业态竞争中占有一席之地,关键在于:探测顾客的体验需求,满足高中端顾客的时尚消费。杭州大厦购物中心正是看到这一点,其以"生活、购物、享受"为办店理念,以高中端顾客为目标市场,在同行业不景气的情况下,一举成为闻名全国的精品时尚百货商场品牌(童民强,2004)。2008年,其销售额达38.05亿元,其在全国百货商场中排名第三位(中华全国商业信息中心,2009)。

(二)设计顾客体验主题,保持顾客"商场品牌忠诚"

目前的顾客对百货商场的品牌忠诚度为何如此低?原因在于:百货商场之间差异性小、品牌战略趋同,顾客感觉不到商场之间的差异,也体验不到某个商场能给自己带来何种独特价值,自然就对商场缺乏品牌忠诚度。百货商场要保持顾客的"商场品牌忠诚",就必须设计满足顾客需求的体验主题,让百货商场成为顾客心中独特的品牌。体验主题是商场品牌定位的具体表达。体验主题一旦确立,其体验活动必须围绕主题展开。主题化的体验活动不是随意而为的,而是精心设计的产物。百货商场通过主题化的体验活动,可将商场文化渗透到体验环境中,变商场单一功能的购销场所为展示时尚、沟通情感和感受氛围等多功能的舞台。在激烈的业态竞争中,百货商场依靠主题化的体验活动,可巧妙地绕过经济利益的直接对立,强化商场与顾客之间的情感联系,有利于树立商场独一无二的品牌形象。在体验主题的设计上,商场应做到三个统一:一是形式与内容的统一,环境的营造、气氛的渲染、商品的档次和服务的水准,都必须与体验主题设定的目标相统一;二是长期与短期的统一,体验主题既要立足于长远,又要具有时代气息;三是创异与创益的统一,体验主题不仅要与众不同、吸引顾客眼球,而且要让企业获得实实在在的利益。

(三)强化情境维度因素的管理,让顾客获得连贯一致的品牌体验

在购物过程中,顾客体验受情境维度因素的影响和制约。百货商场需要对那些可能影响顾客体验的情境维度因素进行有效的管理,惟此才能让顾客在购物过程中获得连贯一致的品牌体验。

1.购物环境的营造

在购物环境的营造上,百货商场要掌握的原则是:突出主题,烘托商品,引发体验,及时调整。突出主题是指围绕体验主题,精心设计,避免盲目性;烘托商品是指创造与商品相适应的环境,吸引更多的顾客认识和购买商品;引发体验是指触发顾客愉悦的情绪,提高主动参与的意识;及时调整是指环境的设计应随着时间的推移、形势的变化而不断调整。百货商场只有经常调整其购物环境,才能永远给顾客流行时尚的品牌印象。

2.零售气氛的渲染

百货商场要围绕体验主题定期举办促销活动和公关活动。在促销活动上,百货商场要做到有章有法,有益有趣,有主有次,与购物环境、商品档次和服务水准相适应,杜绝片面追求销售额而损伤商场品牌形象的行为;在公关活动上,百货商场要把握好三个机会:时代背景的机会,媒体热点的机会,商场自身的机会。只有这样,百货商场的零售气氛才能真正地吸引顾客,并赢得他们对商场品牌形象的认同。

3.商品价值的提供

与其他零售业态相比,百货商场的商品价格普遍较高。这样就要求百货商场赋予顾客相应的价值。商品价值一般包括功能价值、体验价值和象征价值。就同类商品而言,功能价值一般差别不大,但体验价值和象征价值却相差很大。因此,百货商场应向顾客提供体验价值和象征价值高的商品。在商品经营中,百货商场要注意两条腿走路,即一条腿,加强高中档时尚商品的引进,另一条腿,开发自有品牌的产品。此举既可提高百货商场的销售业绩,又可强化百货商场的品牌形象。

4.服务质量的提高

与超市的顾客自我服务不同,百货商场的服务是以人为主的服务。在服务体验链中,顾客与商场服务人员互动的所有细节都影响顾客对商

场的品牌印象。百货商场强化服务过程管理,旨在提高服务质量,让顾客获得连贯一致的品牌体验。实现上述目标,百货商场必须做好以下工作:一是加强全员培训,打造顾客体验导向的服务文化;二是建立顾客体验数据库,把握不同顾客的体验偏好;三是结合顾客体验主题,设计具体可行的服务水准;四是强化服务接触管理,监控顾客体验的关键时刻;五是认真听取顾客的意见,不断改进服务工作;六是如果出现服务失误,及时进行服务补救。

毋庸置疑,百货商场要实现差异化经营,就必须塑造以顾客体验为核心的百货商场品牌。具体地讲,探测顾客体验需求是百货商场品牌化的前提;设计顾客体验主题是百货商场品牌化的关键;强化情境维度因素的管理是百货商场品牌化的保障。在激烈的业态竞争中,百货商场只有在这三个方面下尽功夫,才能避开残酷的价格竞争,并最终实现东山再起、重振雄风的宿愿。

综上所述,顾客体验是提高服务品牌忠诚度和打造差异化服务品牌的法宝,电影业和百货业如此,其他服务业亦如此。

体验营销案例 体验营销的典范——星巴克

2003 年的一天,霍华德·舒尔茨兴奋得要命。当他得知星巴克——这个由他一手缔造的咖啡王国荣登当年《财富》杂志 500 强第467 位时,平时颇有大将之风的他也止不住笑了起来,笑得像孩子那样灿烂。"早就料到了,"他自言自语道,"倘若早十年前我们就料到今天能登上《财富》500 强,那也显得太狂妄了。但是从企业创立的那一天起,我们就有这个梦想,并且尝试做更大的梦。"

星巴克的发展历程正好诠释了霍华德·舒尔茨上述这些话。

星巴克的发展历程

从 1971 年西雅图一间普通的咖啡屋一跃成为全球知名的咖啡连锁店品牌，星巴克咖啡王国传奇令世人瞩目。1992 年，星巴克在纽约纳斯达克成功上市，由此迈入一个新的阶段。1999 年，星巴克进入中国内地，在中国内地 33 个城市开设了四百多家分店。2010 年，星巴克在全世界 39 个国家拥有13,000多家分店、145,000多名员工。

1971 年，星巴克的第一家分店诞生于美国西雅图的派克市场，其主要经营咖啡豆生意。此时，美国经济已经从 60 年代的繁荣走向衰落，咖啡的销量也开始下降；80 年代咖啡销量进一步降低；90 年代以后，咖啡的销量开始保持稳定。1983 年，在欧洲旅行时，舒尔茨在意大利米兰喝到了生平第一杯浓咖啡，此时他就开始筹划星巴克下一步的发展。1987 年，34 岁的舒尔茨筹措了 400 万美元的资金，从只销售咖啡豆的原星巴克老板的手中将星巴克买了下来。舒尔茨将意大利浓咖啡美国化的思路不久就获得了成功。目前，星巴克不仅是咖啡的代名词，而且是美国文化的象征。

星巴克咖啡王国的缔造远非一日之功，它的成功源于其长期以来对人文特质与品质的坚守：坚持采购全球最好的高原咖啡豆，向顾客提供最佳的咖啡饮品；拥有深厚的文化底蕴，时时处处体贴入微，向顾客提供最舒适、最优雅的场所。这一切都为顾客创造了一种与众不同的体验，这种体验正是星巴克的独特魅力之所在。

让顾客品尝到最纯正的咖啡

为了让顾客品尝到不同口味最纯正的咖啡，星巴克十分重视咖啡豆的产地和质量，并且设有专门的采购系统。采购专家常年出差在印尼、东非和拉丁美洲一带，与当地的咖啡种植者和出口商交流、沟通，为的是能够购买到世界上最好的咖啡豆。他们工作的最终目的是让所有热爱星巴克的人都能品尝到不同口味、浓郁纯正的咖啡。在星巴克，顾客可根据自己的偏好去选择不同口味的咖啡，比如，有原味的、速溶的；还有意大利口味的、拉美口味的……

星巴克的体验营销：卖的不仅是咖啡，而且是体验

星巴克卖的不仅是咖啡，而且是体验。研究表明：2/3 的成功企业首要目标就是满足客户的需求和维持长久的客户关系。但是，许多不成功的企业却不明白这个道理，它们会把更多的精力放在降低成本和剥离不良资产上。

为了创造难忘的体验，星巴克十分重视与顾客之间的沟通，与顾客保持长久的关系。在咖啡店中，每一个服务员都要接受 24 小时的系列培训，如基本销售技巧、咖啡基本知识、咖啡的制作技巧等。要求每一位服务员都能够预感顾客的需求。

星巴克十分注重咖啡店气氛的营造：店内装饰、布局、灯光和音乐等设计。就像麦当劳宣称自己在贩卖欢乐一样，星巴克也将美国文化分解成可以体验的东西。

"一切以顾客为本"："认真对待每一位顾客，一次只烹调顾客那一杯咖啡。"这句取自意大利老咖啡店工艺精神的企业理念，道出了星巴克快速成长的真谛。星巴克注重"当下体验"（Oneatatime）的观念——强调在每天工作、生活及休闲娱乐中，用心经营"当下"这一次的生活体验。

另外，星巴克大力倡导美国式的消费文化，顾客可以随意谈笑，甚至挪动桌椅随意组合。这样的体验也是星巴克营销风格的一部分。由此，为顾客营造出自由、宽松与非正式的氛围，令顾客备感温馨。

"向顾客讲授咖啡知识"：顾客如果对咖啡豆的选择、冲泡及烘焙等有任何问题，星巴克会专门配备咖啡师，耐心地向他（她）讲解。经过讲

解后,一般顾客都会找到适合自己口味的咖啡。于是,顾客对星巴克的好感与日俱增。

"顾客数据的收集":顾客在星巴克消费的时候,收银员除了咖啡的品名和价格外,还要在收银机上键入顾客的性别和年龄段等数据。拥有顾客的数据后,星巴克能够及时地了解顾客消费的时间、产品、金额、性别和年龄段等。作为补充,星巴克每一年还聘请咨询公司进行一些有针对性的市场调查。

星巴克的"熟客俱乐部":除了固定地通过电子邮件发新闻信,还可以通过手机传简讯,或是在网络上下载游戏,一旦过关可以获得优惠券,很多消费者将这样的讯息,转寄给了其他朋友,造成一传十、十传百的效应。

一个让人回味无穷的故事

现在,当你端坐在世界任何一家星巴克咖啡店,品味着手中第一杯,或者第 N 杯星巴克咖啡时,你都会不经意间发现一个绿色的美人鱼在你手中星巴克咖啡杯上的一角向你微笑。你一定会问:"她是谁呢?""是来自哥伦比亚的咖啡公主,还是地中海里的美人鱼?"不管她来自哪里,她总会带给你一个让人回味无穷的故事。

星巴克从品牌名称到绿色徽标都让人浮想联翩、充满好奇。"星巴克"这个名称取自美国作家麦尔维尔的小说《白鲸》中一位处事极其冷静、性格极具魅力的大副。他最大的嗜好就是喝咖啡。星巴克的绿色徽标取自家喻户晓的古老的海神故事。荷马在《奥德赛》中描述了海神如何将水手引诱到水中,让他们在销魂的声音中幸福快乐地死去。16 世纪,这些生灵被刻画成双尾美人鱼木雕,从此传遍了整个欧洲,人们用它们装饰大教堂的屋顶和墙壁。星巴克徽标中那个貌似美人鱼的双尾海神,便是从 16 世纪的双尾美人鱼演绎来的。可见,星巴克充满传奇色彩

的名称和徽标很容易在顾客头脑中刻下难忘的印记,并由好奇转变为好感,这种联想式的体验也让无数星巴克迷兴奋不已。现在,星巴克"绿色的美人鱼"已经与麦当劳的"M"一起成为美国文化的象征。

工作和家庭之外的"第三空间"

世界上每一家星巴克咖啡店,都是顾客工作和家庭之外的"第三空间"。星巴克认为,顾客第一次停留于星巴克,可能只是单纯为了获得一杯纯正浓郁的咖啡,而当他们再次光临的时候,星巴克期望其成为顾客可以放松身心、温馨舒适的休憩之地。

星巴克致力于营造一个让置身其中的顾客都能无比愉悦的环境,使自己的咖啡店成为顾客的"第三空间",即工作和家庭以外一个舒适的社交聚会场所,成为顾客的另一个"起居室",既可以会客,又可以独自在这里放松身心。在这种时尚、舒适且温馨的环境里,顾客放松心情,摆脱繁忙的工作,稍事休息或是约会,得到精神和情感上的放松、满足。

正如舒尔茨所说:"我们创造的星巴克是一个绿洲,是除工作和家庭之外的'第三空间'。在星巴克看到的、闻到的、听到的是一片和谐,让喝咖啡真正成为一种生活乐趣和生活方式。"

星巴克今后的梦想

舒尔茨宣称:他们的目标不仅仅是让星巴克登上《财富》500强的榜单,而是要建立一个他父亲所期望的那种伟大的公司。他的父亲——弗莱德·舒尔茨没有读完高中,干过许多收入低又辛苦的工作——从工厂工人到卡车司机——却没有赚到多少钱。舒尔茨说:"我的父亲当了一辈子吃苦受罪的蓝领工人,他挣得很少,也得不到别人的尊敬,这让他非常痛苦和恼火。我想让星巴克成为一个不让任何人感觉落后的公司。"星巴克登上《财富》500强榜单用了二十多年时间。但舒尔茨并不知足,他的最终目标是让星巴克在全球开设25,000家连锁店,就像麦当劳快餐店(拥有30,000家分店)那样,无处不在。

　　(本案例是根据以下资料整理的:马连福,《体验营销——触摸人性的需要》,首都经济贸易大学出版社2005年版,第105—111页;张希,《品味咖啡香——星巴克的10堂管理课》,人民邮电出版社2005年版,第1—3页,第47—61页;百度百科,《星巴克》,http://baike.baidu.com/view/8276.htm。)

[本书点评]

　　在很大程度上讲,体验是咖啡连锁业的行业本质。顾客来到一个咖啡连锁店,其不单单是想获得一杯纯正浓郁的咖啡饮品,而是想获得一次与众不同的咖啡店消费体验。在咖啡店创始之初,星巴克就准确把握了咖啡连锁业的行业本质。星巴克的成功说到底是体验营销的成功。几十年来,星巴克从来不做广告,它一直围绕顾客需求,用心经营每个细节,无论从咖啡豆的采购到咖啡知识的培训,还是从店内环境的设计到品牌文化的导入,其力图让每个咖啡店成为顾客体验和口碑传播的载体,尽心让每一位顾客每一次都能获得与众不同的星巴克体验。"他山之石,可以攻玉",星巴克的体验营销之道无疑值得中国本土企业学习和借鉴。

第二章　奢侈品营销问题研究

随着国民收入水平的提高和消费能力的增强,中国目前已经成为全球奢侈品消费的重要市场。中国企业应准确把握奢侈品营销的精髓,利用这个千载难逢的历史机遇,打造出具有国际影响力的中国本土奢侈品品牌。在第二章中,本书主要针对奢侈品的营销问题展开研究。

第一节　中国本土奢侈品品牌面临的问题及对策

若干年前,媒体和大众还对奢侈品消费争论不休;2006 年,中国已成为继日本、美国之后全球奢侈品消费的第三大市场。据中国品牌战略协会估计,中国的奢侈品消费人群目前已达到总人口的 13%,约 1.6 亿人;到 2010 年,这个消费群体将增长到 2.5 亿人。安永会计师事务所2005 年发布的《中国,新的奢华风潮》研究报告也显示:2004 年中国奢侈品市场的年销售额约为 20 亿美元;预计从 2004 年到 2008 年,中国奢侈品市场销售的年增长率将达到 20%;之后到 2015 年的年增长率为10%,销售额将超过 115 亿美元,将占全球奢侈品消费总量的 29%。2009 年,中国已取代美国,成为仅次于日本的全球第二大奢侈品消费国。面对中国这一巨大的奢侈品市场,自 2004 年起国外奢侈品品牌开

始掀起了一股中国圈地狂潮。从国外的高档汽车、名贵珠宝到高级服装、化妆品,几乎随处可见。然而,在这股圈地狂潮中却很难见到中国本土奢侈品品牌的身影。毕竟,中国市场的真正主角是中国企业,中国需要一批能与国外品牌分庭抗礼的本土奢侈品品牌。

一、奢侈品品牌特性

所谓奢侈品(luxury)是指那些超出人们普通生活需要范围,独特稀缺、珍奇华贵和精美绝伦的顶级品牌消费品(李晓慧,2005)。在经济学上,奢侈品指的是"价值 / 品质"比值最高的产品。从营销学的角度上看,奢侈品又是指"无形价值 / 有形价值"比值最高的产品(倪少瑾、袁安府、王健,2004)。奢侈品主要涉及高档汽车、饰品、服装、化妆品、酒、皮具和钟表等商品。一般来讲,消费者在选购上述商品时不仅是为了满足其实用的需要,更主要的是为了满足其炫耀的需要。过去,奢侈品是贵族阶层的物品,它是地位、身份和权力的象征;现在,随着社会经济的发展,特别是中产阶层的崛起,奢侈品成为人们追求自我的个性化的标志。与一般商品品牌相比,奢侈品品牌除了存在价格高、产量小、质量优和具有便宜替代品等一般特性外,它还具有以下重要的品牌特性。

(一)象征性

过去,奢侈品是贵族阶层的物品,它是地位、身份和权力的象征。如今,奢侈品演变为富裕阶层的物品,并成为事业成功的标志。譬如,白领阶层往往通过购买奢侈品(如高档汽车)以炫耀其事业的成功。

（二）暂时性

一件奢侈品不是静止不动的，而是动态变化的（克里斯托弗·贝里，2005）。昨天的奢侈品有可能成为今天的必需品。十多年前，联想笔记本电脑对中国家庭来讲还是奢侈品；而今，联想笔记本电脑不过是诸多普通家庭必备的学习工具。

（三）文化性

奢侈品品牌与一般品牌最大的区别不是价格，而是文化。奢侈品品牌的文化性来自于它的历史价值、传统文化及所包容的社会观念。一个奢侈品品牌的历史越长，它的文化性就会越丰富，品牌价值就会越大。探究许多奢侈品品牌的成长历程，我们不难发现：每个奢侈品品牌的背后都蕴涵着丰富的故事。

（四）专一性

奢侈品品牌是十分专一的，绝不能随意地延伸，它一般只专注于某一个产品或某一类产品（倪少瑾、袁安府、王健，2004）。大家很少看到一个奢侈品品牌延伸于多个领域并取得成功的案例。品牌多元化经营对于普通品牌也许是有效的，但却是奢侈品品牌营销的大忌。

（五）小众性

在市场定位上，奢侈品品牌主要面向少数的富裕阶层。奔驰汽车如

此,劳力士手表亦如此。奢侈品品牌的魅力在于:多数人梦寐以求,少数人真实拥有。实践证明:只有让知晓品牌的人与拥有品牌的人在数量上形成强烈的对比,该奢侈品品牌才能成为顾客心中的奢侈品品牌。

二、中国本土奢侈品品牌面临的主要问题

处于中国这一巨大的奢侈品市场,中国企业具有打造本土奢侈品品牌的天然优势。然而,在当下国外奢侈品品牌相继涌入中国之际,中国本土的奢侈品品牌却悄无声息,到底是什么问题羁绊了中国本土奢侈品品牌的成长,并造成本土奢侈品品牌的集体失语呢?

(一)观念问题:"奢侈等于浪费"的观念依然存在

中国以往的各种社会运动在人们心中打上了深刻的烙印。一提到奢侈品,人们就会联想到资产阶级的奢华生活,并片面地将奢侈与浪费划上等号。这种旧有的社会观念严重地阻碍了中国本土奢侈品品牌的成长,致使中国奢侈品消费在很长时间内是一片空白。其实,奢侈是一个中性词,不包括任何贬义的成分。奢侈品是相对的,今天的奢侈品将是明天的必需品。奢侈更是一种生活态度,追求高品位的生活是每个人的梦想,也是每个人的权利。当然,人们在奢侈品的消费上要注意量入为出、量力而行。

(二)历史问题:缺乏长期的奢侈品品牌营销经验

奢侈品品牌的塑造需要很长的时间,人们对奢侈品品牌的认同需要一个过程。国外奢侈品品牌一般都有很长的历史。譬如,阿玛尼是上个世纪70年代诞生的,古琦是1923年诞生的,而迪奥是1946年诞生的。

相反,中国本土奢侈品品牌在营销中缺乏历史积淀和实战经验。就珠宝品牌而言,中国从建国初期到上个世纪 80 年代初是限制珠宝交易的,这在很大程度上限制了中国珠宝行业的发展。目前许多人在选购珠宝品牌时首先想到的是欧洲的卡地亚,而不是某个纯国产品牌。

(三)企业问题

在奢侈品品牌的营销上,企业自身主要存在以下三个方面的问题。

1.重短期利益,轻长远利益

在奢侈品品牌的营销上,一些中国企业过分听命于市场,市场需要什么我就营销什么。这种跟风式的营销模式很难建立起自己的特色。一旦市场的消费热点发生变化,到头来这些企业都活得十分艰难。透过国外奢侈品品牌的成长历程,我们不难发现:奢侈品品牌保持成功的基点是立足长远、创造需求。即让市场始终围绕着你转,而不是你时刻围绕着市场在转。譬如,限量发行就是国外奢侈品企业刺激顾客潜在需求的惯用手法。

2.重有形价值,轻无形价值

奢侈品指的是"无形价值/有形价值"比值最高的产品。相对而言,无形价值对奢侈品品牌来说更为重要。无形价值一般包括信誉、历史、文化和知识产权等。在上述两种价值的取向上,有些中国企业往往走两个极端。一是过分地重视有形价值。比如,一些企业在产品功能上费尽心机,却忽视知识产权的保护。中国名牌商标屡屡被抢注就说明这一点。二是过分地夸大无形价值。本质上,这是一种轻视无形价值的做法。比如,中央电视台在 2006 年"3·15"曝光的欧典地板和 2011 年"3·15"曝光的达芬奇家具欺诈事件就是夸大无形价值的典型案例。欧典地板和达芬奇家具遭遇的信誉危机充分说明:一个企业虚假宣传、背

信弃义的结果只有一个,那就是搬自己的石头砸自己的脚。

3.重照搬模仿,轻继承创新

奢侈品品牌是传统文化和现代文化的最佳组合。传统文化是奢侈品品牌的根本,现代文化是奢侈品品牌的灵魂。实践证明:在奢侈品品牌的塑造上,企业只有在继承中创新,才能获得持久的成功。目前,中国企业界充斥着浮躁之气,照搬模仿的现象成风。针对这一现象,有专家一针见血地指出:中国的奢侈品品牌实际上就是全盘的西化。具体地讲,许多企业割断其传统文化的脐带,奉国外奢侈品品牌为神明,全盘地模仿它们的风格,其结果是东施效颦,难以得到顾客的认同。可以说,其品牌被淘汰出局是早晚的事。市场竞争不相信眼泪,中国企业想要在众多的奢侈品品牌中脱颖而出,它不仅要从传统文化中汲取丰富的养分,而且要从现代文化中找寻创新的动力,要牢记继承和创新是奢侈品品牌不变的主题。

当然,以上所归纳的一些问题只是中国本土奢侈品品牌面临的比较突出的问题。除此之外,中国本土奢侈品品牌还面临着消费者崇拜国外品牌、假冒伪劣产品充斥市场以及行政部门执法不严等问题。在这里由于篇幅的原因不做一一阐述。

三、中国本土奢侈品品牌的营销对策

针对上述问题,中国企业不能怨天尤人、消极坐等,而要精心布局、提早行动。在中国本土奢侈品品牌的营销上,中国企业应重点做好以下几个方面的工作。

(一)树立以顾客体验为核心的正确文化观念

观念是行动的先导。对一个企业来说,树立正确的文化观念是十分重要。这里,正确的文化观念是指以顾客体验为核心的观念,其目的就是让顾客获得高品位的生活体验。具体地讲,企业塑造的奢侈品品牌不应该成为富裕阶层显富的标签,而应该是人们彰显高品位生活方式的手段。中央电视台 2006 年 4 月 10 日播出的《时空调查》节目就"购买奢侈品最主要的目的"进行了调查。调查发现:在最主要的购买目的中,追求生活品位占 51%;追求产品质量占 39%;好面子占 10%(见图 2 - 1)。可见,大部分人购买奢侈品是为了追求生活品位。在体验经济时代,顾客体验是价格之外的下一个战场,奢侈品品牌自然也不例外。在新的形势下,中国企业要积极抓住体验经济的机遇,摆脱旧有文化观念的羁绊,树立以顾客体验为核心的正确文化观念,让顾客从奢侈品品牌的消费中获得高品位的生活体验和审美情趣。

图 2 - 1　购买奢侈品最主要的目的

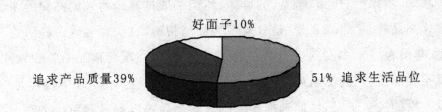

好面子10%

追求产品质量39%　　　　　　　　　　　51% 追求生活品位

资料来源:根据中央电视台 2006 年 4 月 10 日播出的《时空调查》节目整理。

(二)制定奢侈品品牌营销战略,并有计划有步骤地整体推进

美国战略学家安绍夫认为,战略是一整套用来指导企业组织行为的决策准则。奢侈品品牌的营销是一个极其复杂的系统工程。奢侈品品牌的营销战略好比未来品牌营销的"启明星"。没有营销战略指引的奢

侈品品牌,只能陷入短视盲从的境地。对中国企业来说,制定奢侈品品牌营销战略有利于企业用战略的眼光,把奢侈品品牌营销作为企业一项长期的工程来实施。也就是说,在奢侈品品牌营销的各个阶段,各个方面包括市场选择、品牌认知、品牌形象和品牌关系(品牌与顾客的关系)等,都以奢侈品品牌营销战略为指针,并有计划有步骤地整体推进。

(三)一切从实际出发,采取切实可行的奢侈品品牌营销策略

中国企业应采取以下有针对性的奢侈品品牌营销策略。

1.把握市场动向,瞄准三类顾客

随着中国奢侈品消费市场的不断扩大,形成了三类奢侈品消费群体:"财富新贵"、"时尚新宠"、"尚酷新族"(Radha Chadha,2006)。"财富新贵"是中国奢侈品市场的主力消费群,这类顾客以商人为主,一般年龄在35岁以上;作为"暴富"的群体,他们一般选择最为人们熟知的主流奢侈品品牌。"时尚新宠"是日益扩大的消费群,这类顾客以白领阶层为主,年龄在二十多岁到三十多岁之间,他们比较注重奢侈品品牌的款式、风格和品位。"尚酷新族"是未来奢侈品市场的生力军,这类顾客是20岁左右的独生子女,他们选择不同的奢侈品品牌以彰显其独特个性。在奢侈品品牌的定位上,中国企业应结合自身情况进行准确的市场定位。对大多数的中国企业来讲,以"时尚新宠"为主、以"尚酷新族"和"财富新贵"为辅的市场定位,是比较现实的做法。

2.讲求"中西合璧",打造尊贵形象

在这里,"中西合璧"有两层含义:一是在产品开发和包装设计上,要突出中国传统文化的特色。中国的传统文化是一个巨大的创意宝库,中国企业应努力从中汲取丰富的养分。二是在专业化经营和跨文化营销上,要学习西方国家的先进经验。专业化和全球化是中国企业必须要上

的一课。而融合中国传统文化和西方先进经验,打造顾客认同的尊贵形象,并不是一件轻而易举的事。在这一点上,"水井坊"和"国窖1573"做得十分成功。他们娴熟地运用了中华历史文明、传奇品质和产地,国际品味的时尚化等概念,成功地在顾客心目中树立起神秘尊贵的品牌形象。当然,他们的成功也为中国企业打造奢侈品品牌提供了宝贵的经验。

3.利用事件营销,提高品牌知名度

所谓事件营销就是利用社会热点,进行公关活动。与广告宣传相比,事件营销具有成本低廉、可信度高和传播面广等特点。对一个企业来说,其在事件营销上要注意把握三个机会:时代背景的机会、媒体热点的机会和品牌自身的机会。奥迪汽车在博鳌的事件营销就是上述做法的完美体现。在2002年4月举行的"博鳌亚洲论坛"年会期间,奥迪A6成为博鳌亚洲论坛唯一指定贵宾用车。奥迪汽车通过博鳌亚洲论坛这个窗口,向世人展现了高档豪华汽车的风采,同时提升了该品牌的知名度和影响力。

4.关注品牌体验,强化顾客与品牌关系

品牌体验即顾客对品牌的体验。品牌体验是一个过程体验,贯穿于顾客对品牌接触的全过程。品牌体验的质量直接影响顾客与品牌的关系。与普通商品品牌相比,奢侈品品牌更强调产品的无形价值。因此,在品牌体验服务的设计上,要务必做到三个到位:一是顾客参与到位,二是人员服务到位,三是场景布置到位。即让顾客在精心设计的场景中,在一对一贴心的VIP服务中,亲身参与其中,真切地感受品牌带来的享受和快乐。试想一下:有如此美妙的品牌体验,能不加深顾客与品牌的关系、引发顾客对品牌的忠诚吗?正是基于这些策略,谭木匠木梳从中国不起眼的低级品牌成长为响当当的顶级品牌。

当然,在奢侈品品牌的营销上,中国企业还要加强品牌信任的培育、知识产权的保护、管理团队的建设、网络营销的应用和危机事务的管理。毫不夸张地讲,奢侈品品牌是一个国家经济实力的象征。中国需要也应该拥有一批本土奢侈品品牌。随着中国经济的快速发展、消费环境进一步地改善,中国企业精心做好上述工作,就一定能够打造出一批有国际影响力的本土奢侈品品牌。

第二节 中国新奢侈品消费的特点、发展趋势及企业商机

按照世界标准,一个国家的人均国内生产总值(GDP)达到了1,000美元的时候,就会出现一个奢侈品的消费群体。随着中国经济的持续增长,2009年年底中国的人均GDP已突破了3,000美元的大关。迄今,中国已成为全球第二大奢侈品消费国。面对中国这一快速成长的奢侈品市场,国际奢侈品巨头加快了跑马圈地的步伐。以上海为例,仅"中华商业第一街"南京路上,就已汇聚了上千个国际知名品牌。

从西方已有的经验看,奢侈品消费是经济水平发展到一定阶段的自然选择,中国当然也不例外。但是,相对于西方成熟的奢侈品市场,转型期中的中国市场有着不同的特点和规律,其中最为明显的就是中国刚刚步入新奢侈品消费的初期。西尔弗斯坦、菲斯克、巴特曼(2005)指出,"新奢侈品"是指这样的一些产品和服务,它们比同类商品中的其他产品和服务质量更好,品位更高,也更让消费者心驰神往,这些商品价格不菲,但是还不至于昂贵得让人可望而不可即。① 本节解析中国新奢侈品消费的主要特点和发展趋势,其目的在于:帮助中国企业认清新奢侈品

---

① 迈克尔·西尔弗斯坦、尼尔·菲斯克、约翰·巴特曼著:《奢华,正在流行:新奢侈时代的制胜理念》,高晓燕译,电子工业出版社2005年版,第2页。

市场的商机,打造自主的新奢侈品品牌。

一、中国新奢侈品消费的主要特点

中国正处于新奢侈品消费的起步阶段,现阶段的中国新奢侈品消费主要具有以下特点。

(一)新奢侈品消费是一种新兴的趋优消费

当下中国社会正在步入一个趋优消费的时代。随着人们收入水平和生活质量的提高,现代社会人们的消费需求发生了很大的变化。人们的消费观念不再停留于仅仅获得更多的物质产品。相反,顾客越来越多的是出于象征意义与体验价值的目的去购买商品,即人们更加注重通过趋优消费获得个性的满足。不难看出,人们逐渐将目光从普通商品转移到新奢侈品上。对于传统的奢侈品,比如镶满钻石的劳力士手表、全手工打造的劳斯莱斯汽车、香味浓郁的人头马白兰地酒等,崇尚自我、喜欢彰显个性的大多数国民尚无能力消费。然而,对于新奢侈品,比如金利来领带、斯沃琪手表、星巴克咖啡、谭木匠木梳、哈根达斯冰淇淋等,人们偶尔奢侈一把,超越一下自己的日常消费水准就可以拥有,因此其更能打动消费者的心。值得一提的是,新奢侈品恰好填补了传统奢侈品与普通商品之间日益扩大的缺口,它们在大众与顶级之间的市场上占据了一个"最有效的击球点":质量优于普通商品,但是价格却低于传统奢侈品,从而迎合了更多顾客对于奢侈品的需求。

(二)新奢侈品消费是一种感性的体验消费

新奢侈品消费是一种现代生活方式。它是一种时尚,一种能够体现

人们个性、身份、地位、文化品位与生活态度的消费时尚。人们到星巴克咖啡厅为的不是简单的咖啡产品,而是一种全新的时尚体验。新奢侈品消费永远基于情感需求之上,消费者对这类商品所倾注的情感远远胜于其他商品。每天,都有许多人出于各自的理由购买不同类型的新奢侈品,他们有的只是一时兴起,有的却是对某种商品如痴如醉。或是从关爱自己的角度出发,用某种消费来犒劳一下自己;或是将某种消费作为人际交往的一种手段;或者想要从特定新奢侈品的消费中来获得新经历、新体验,开拓个人视野;或者借助消费来表现个人品位,展示自己的与众不同,显示自己的成熟与成功(西尔弗斯坦、菲斯克、巴特曼,2005)。尽管消费的理由各异,但结果却是相通的,他们都有着消费某种或某些新奢侈品的情感需求。中央电视台 2006 年 4 月 10 日播出的《时空调查》节目就"购买(新)奢侈品最主要的目的"进行了调查。调查结果显示:在最主要的购买目的中,追求生活品位占 51%,追求产品质量占39%,好面子占 10%。可见,大部分人购买新奢侈品是为了追求生活品位。

(三)新奢侈品消费是一种以中产阶级为主导的消费

中国品牌战略协会秘书长杨清山所做的调查报告称,中国(新)奢侈品消费的主力军实际上是中产阶级。只有一小部分是大老板乃至百万以上级别所谓"真正的富人",其余大部分都是白领乃至金领为主的中产阶级。

中国新奢侈品消费者的年龄大约在 20—40 岁之间。这一年龄段的消费者大都接受了较好的学校教育,具有较高的文化品位。他们思想活跃而超前,喜欢按照自己的意愿进行消费,有迫切的欲望来彰显自己的个性和品位。有些时候,他们甚至会花上一个月的工资去购买一件心仪的商品。无疑,新奢侈品消费可以很好地、直接地满足他们的这种心理。在一定程度上讲,中产阶级与新奢侈品是一对孪生姐妹,中产阶级的成长和壮大为新奢侈品的生产提供了广阔的市场空间,而新奢侈品在品牌形象及个性方面的优势又充分满足了中产阶级对于高层次消费的需求。毫不夸张地说,新奢侈品消费正在成为中国新兴的中产阶级与生俱来的需求。

二、中国新奢侈品消费的发展趋势

总体上讲,中国新奢侈品消费主要表现为以下三大趋势。

(一)新奢侈品消费将进一步普及

目前,中国已成为世界经济增长的火车头。据国家统计局称,从1979 年至 2006 年,中国 GDP 年均增长 9.8%。到 2006 年,中国全年的国内生产总值达到了 209,407 亿元,比 2005 年同期增长了 10.7%,按照汇率折算经济总量列世界第四位。2009 年,中国的国内生产总值更达到了 335,353 亿元,经济总量列世界第三位,人均 GDP 突破了 3,000 美元的大关。中国品牌战略协会认为,一个国家奢侈品的消费增长大概应该是其 GDP 增长的两倍左右。数据表明:中国正处于新奢侈品消费的快速成长期。

据法国巴黎百富勤称,到 2010 年,中国的中等收入阶层家庭将达 1亿个,户均拥有资产 62 万元。该公司研究部门将中国的中产阶层定义为:人均年收入 2.5 万—3 万元、家庭年收入为 7.5 万—10 万元。另据有关资料显示:随着中等收入阶层的崛起,中国的消费在收入中的比率还会不断上升,预计将从 2002 年的 58% 上升到 2010 年的 65%、2020 年的 71%,接近发达国家水平。随着中产阶级的壮大和消费能力的增强,

可以预计,未来中国将会出现与发达国家一样的"奢侈品平民化"的潮流。

(二)新奢侈品消费升级的节奏将越来越快

在中国,与普通商品相比,新奢侈品消费更容易受时尚潮流和社会变革的影响。一方面,随着新款式、新特色、新设计、新工艺或新材料的大量涌现,时尚潮流的流行极大地缩短了从新奢侈品下滑到普通商品的时间。同时,这一趋势将会影响不同种类的新奢侈品。以时装界为例,当高级女性时装设计师在上海、北京和大连的时装展示会上展示他们新的服装理念时,普通的服装生产商便会把这些理念诠释成低价位的、实用的、生活化的衣服。随着不同种类的新奢侈品被打造出来,它们将促使国内新奢侈品消费升级的脚步不断加快。另一方面,未来的一段时间内,中国仍将处于社会的转型期,快速的社会变革将给许多人提供改变社会地位的机会。然而,内在素质的改变是缓慢的,而外在形象的改变却立竿见影,所以产生了对新奢侈品消费强化升级的需要。由于上述的新奢侈品到普通商品的时尚周期大大缩短,促使消费者会不得不选择新的、更高的新奢侈品进行消费,这将对新奢侈品消费升级起到推波助澜的作用。以手机消费为例,前些年,有一部能通话的诺基亚手机就足够奢侈了;而今天,人们不仅强调手机的时尚特性,而且还要求其能够提升自己的外在形象。

(三)新奢侈服务消费将成为未来发展的新亮点

概括地讲,新奢侈品包括两大类:有形的产品和无形的服务。尽管在有形产品类别中有许多发展的机会,然而新奢侈品未来消费最大的机会点在于新奢侈服务消费。譬如,教育和培训服务、美容和医疗服务、金融和法律服务、旅游和娱乐服务等。从本质上讲,新奢侈服务消费是一种生活方式,人们追求的是"心的奢侈"(高桥千枝子,2007)。也就是说,新奢侈服务消费者注重服务过程所能带给他们的奢侈体验,而不再强调拥有和所有权本身。

根据美国权威部门的统计,2003 年美国的个人消费总额是46,062亿美元,有形产品消费所占的比例下降至 40%,而服务性消费占到总额的 59.3%。在奢侈服务消费上,2003 年美国人均总花费达到9,020美元,比 2002 年的7,000美元增长了 29%(丹席格,2007)。其中,旅游、餐饮、娱乐方面的增长速度尤其显著。环顾国内,我们不难看到:新奢侈服务已经出现在国内一些专业服务类别中,譬如,出国旅游和美容整形服务等。据携程网度假产品经理称,携程自从推出新奢侈度假服务以来,目前已有几千名客户。这些客户并不都是年收入几十万元的富人,很多是讲究旅行品质的白领,而且这部分人的增速很快。这说明越来越多的人愿意去理智地选择出国旅游,新奢侈旅游已经成为一部分人度假的方式了。此外,今天美容整形服务逐渐从上层阶级来到平民大众中。过去,它曾是一个禁忌的话题,人们从不谈论。做整形手术的人总是悄悄地从医院的后门进出,好让别人不知道他们曾经做过整形手术。今天,美容整形服务正逐渐为大家所接受,并且成为许多人都在谈论的热门话题。从美国的已有经验和中国的现有态势上看,在可预见的未来,新奢侈服务消费将成为中国未来发展的新亮点。

三、打造新奢侈品品牌的中国企业商机

中国企业是否有能力打造自主的新奢侈品品牌? 答案是肯定的。作者认为,中国企业打造新奢侈品品牌具有以下四大商机。

(一)中国企业已经具有了很好的产品制造的基础

改革开放三十多年间,中国已经成为世界第一制造业大国。中国已经初步形成了门类齐全的产业体系,并具备了较强的技术支撑和工业配套能力。一大批具有较强技术实力、制造能力和竞争能力的大型企业正在茁壮成长。此外,中国的出口企业绝大多数采用 OEM(贴牌加工)的形式,并且这种形式迅速发展,全球 1/3 的 OEM 业务是由中国提供的(陈永华、王维,2007)。譬如,鳄鱼、皮尔卡丹等国际知名品牌早已授权中国企业代加工。通过为许多国际知名品牌做 OEM,中国企业提升了产品的制造能力,为今后实现从 OEM 到 OBM(自主知名品牌出口)的转变打下了坚实的基础。以服装企业为例,大杨集团二十多年来一直为日本、欧洲做出口服装的贴牌加工。凭借着在国外服装客户中享有的极高诚信度和美誉度,其贴牌加工的出口服装逐渐由低档到高档。如今,大杨集团重金力邀国际奢侈品品牌"阿玛尼"的首席设计师伊万诺·凯特林先生以及意大利、日本、韩国服装工艺师和技术师加盟,全面提升产品设计、生产技术和工艺水平,以当今世界最流行的意大利面料、辅料和版型,全力打造大杨"创世"世界高档男装品牌。

(二)一些时尚品牌已经具备冲击新奢侈品品牌的实力

新奢侈品总是与流行时尚如影随形。比如,苹果的 iPod、iPhone、iPad 等。从新奢侈品品牌的成功经验来看,追求流行时尚的品牌最容易成为新奢侈品品牌。本土的一些时尚品牌,比如,NE·TIGER(东北虎)、思凡、波司登、鄂尔多斯、白领、创世等,正在组成新崛起的中国军团向新奢侈品品牌发起冲击。经过多年的积累,这些品牌从产品设计、质量控制到时尚营销都取得了不可小觑的成绩。其中，NE·TIGER 无疑是最成功的中国本土品牌。NE·TIGER 创立于 1992 年，以皮草设计和生产为品牌的起点，经过十多年奠定了在中国皮草行业的顶级品牌地位，继而向着更广阔的奢侈品天地迈进。目前，NE·TIGER 已经拥有奢华皮草、高级礼服、高级婚礼服和配饰等系列。其时尚创新的风格、奢华高贵的品质一直处于中国时装时尚潮流的顶点。今天，NE·TIGER 已经成为一种符号，代表着崭新的生活方式。它以鲜明的个性风格和国际化的前瞻视角，正在走入新奢侈品品牌的殿堂，成为中国现代流行时尚的领军者。

（三）立足传统文化已成为企业打造新奢侈品品牌的"蓝海"

"蓝海"意味着未开垦的市场空间、需求的创造以及利润高速增长的机会。尽管有些"蓝海"是在现有的"红海"领域之外创造出来的，但绝大多数"蓝海"是通过扩展已经存在的产业边界而形成的。当众多企业纷纷跳入全盘西化的"红海"时，而一些中国企业立足传统文化，通过文化营销的方式，打造中国特色的新奢侈品品牌不失为一种很好的蓝海战略选择。

实际上，纵观全球，无论是西方的法国、意大利，还是东方的日本、韩国，它们的新奢侈品品牌无一不植根于传统文化的基础之上。2006 年 2 月 22 日，第四次的 Anholt 国家品牌指数（NBI）调查显示，中国国家品牌力总体指数排名攀升至第 19 位，而在"文化传统领域"的指数更是排名第七。可见"文化传统"转换为品牌力已经是做品牌的一个重要导向，而中国传统文化也具备了现代的竞争意义。不难想象，中国企业只有深入且牢固地扎根于中华五千年文明，并且具有国际视野的创新，才具有持久的生命力、竞争力。无疑，谭木匠就是这样成功的典范。谭木匠植

根于中国的传统文化,从产品、服务到零售终端无一不散发着传统文化的韵味。这是谭木匠的精髓和立业之本。但是,谭木匠并未因此而固步自封、抱着传统文化紧紧不放,而是改良产品和服务,在传统文化的底色上加入了些许现代文化的元素,使其现代中不失传统,传统中不失现代。此举不仅吸引了受传统文化熏染的中、老年顾客,而且也笼络了受现代时尚文化影响的新新人类。目前,谭木匠已经成为中国木制品行业中最具影响力的新奢侈品品牌。

(四)打造新奢侈服务品牌正当时

近年来,随着中国国民经济的快速增长,产业结构不断升级,中国的服务业也取得了较快的增长。根据国家统计局的统计数据可知,2009年中国服务业总产值已由 1978 年的 860.5 亿元增加到142,918亿元,三十多年间增长了 166 倍,服务业占 GDP 的比重则由改革开放初期的23.74%增加到42.62%。目前,中国服务业正处于加速发展的阶段。

对于日渐壮大的中国中产阶级而言,他们总是希望在旅游、餐饮、娱乐、教育、健身、美容等高端服务中有所选择。遗憾的是,环顾四周,映入眼帘的尽是低端的、糟糕的服务。与一般的服务不同,新奢侈服务提供的是一种定制化的、令人愉悦的顾客体验。那么,怎样才能让顾客感觉企业所提供的服务别具一格呢?最有效的一条途径就是打造与众不同的新奢侈服务品牌。当然,新奢侈服务品牌不是一蹴而就的,它需要经验的积累、岁月的磨砺和竞争的洗礼。北京燕莎友谊商城用了整整 15年的时间,终于将其打造成为一个享誉全国乃至世界的高档零售服务品牌。目前,许多的新奢侈服务还是一片未开垦的处女地。实践证明:在新奢侈服务领域,只有敢吃螃蟹的中国企业,才能抓住未来发展最有利的先机。

第三节　时尚营销：中国新奢侈服装品牌的致胜之道

有别于传统奢侈品,新奢侈品指的是这样的一些产品和服务,它们比同类商品中的其他产品和服务质量更好、品位更高,也更让消费者心驰神往,这些商品价格不菲,但是还不至于昂贵得让人可望而不可即(西尔弗斯坦、菲斯克、巴特曼,2005)。从全球发展经验看,新奢侈品的流行是中产阶层趋优消费的结果。目前,中产阶层在中国正处于形成之中,它的队伍正在迅速扩大。根据国家统计局城市调查队按照家庭年收入6万—50万元的标准推算,中国中产阶层群体规模为 5.04%,到 2020年将达到 45%(严行方,2008)。由此可见,中国新奢侈品消费的发展潜力巨大。新奢侈品不仅包括服装、食品、家电和汽车等有形的产品,而且还包括教育、美容、旅游和娱乐等无形的服务。这里,我们重点探讨其中的新奢侈服装品牌。

一、为什么要打造中国新奢侈服装品牌

具体来讲,新奢侈服装品牌主要有两大类:一是传统奢侈服装品牌的延伸,二是高端时尚服装品牌。由于中国正处于新奢侈服装消费的起步阶段,目前尚没有真正意义上的传统奢侈服装品牌,自然谈不上其延伸产品了。从现阶段来看,打造高端时尚服装品牌是中国本土服装企业的主要任务。

(一)打造新奢侈服装品牌是消费升级的必然选择

目前,中国已经成为世界上最大的服装消费国。随着国民收入的不断提高,中国服装市场逐渐进入精品消费的时代,服装消费不再仅仅为

了满足其最基本的生理需求,而向更高的体验需求、象征需求迈进。从整个服装行业看,随着消费结构的不断升级,中国的服装品牌已经形成了新的两大阵营:一是新奢侈服装品牌,二是中、低端服装品牌。走高端的新奢侈服装品牌,价格越来越贵,但是它们并没有因为价格走高,或者因为市场定位的提高而影响销售,反而从 2001 年开始获得了巨大成功。比如像白领、例外等,它们的价格每年都在上升。相反,国内的许多中、低端品牌却在激烈的市场竞争中举步维艰(杨大筠,2007)。就国内强势服装企业而言,打造新奢侈服装品牌是这些企业满足消费升级的必然选择。

(二)打造新奢侈服装品牌是规避国内市场同质化竞争的锐器

当前,国内服装品牌同质化的现象相当严重,主要表现在以下三个方面。一是市场定位同质化。多数服装企业为了追求短期利益,一般将其产品定位在中、低端市场。市场定位同质化的结果直接导致行业竞争的恶化和销售利润的降低。二是产品设计同质化。多数服装企业没有自己的研发中心,在产品设计上,往往采取"拿来主义"的做法,相互模仿的痕迹十分明显。有时,甚至会导致连自家产品都无法识别的尴尬局面。三是广告宣传同质化。不少服装企业认为,品牌即广告,以广告宣传来代替品牌建设。在广告宣传的手段上,往往停留在"明星代言 + 广告轰炸"上。它们并未意识到,广告宣传只是品牌建设的一个环节,绝对不是全部。不难想象,国内服装品牌的同质化必将导致过度的价格战。过度的价格战不仅吞噬服装企业赖以生存的利润,而且让服装企业在降价的泥潭中越陷越深。一般意义上讲,新奢侈服装品牌蕴涵着独特的品牌文化。在中国市场上,某个服装品牌若想成为新奢侈服装品牌,必须在市场定位、产品设计、广告宣传等方面与众不同,只有这样才能与消费者在情感上产生共鸣。新奢侈服装品牌的文化基因是独一无二、难以模仿的。毋庸置疑,打造新奢侈服装品牌是服装企业规避国内市场同质化竞争的一件锐器。

(三)打造新奢侈服装品牌是品牌国际化的战略需要

加入 WTO 以后,中国服装行业呈现出跨越式发展的态势。迄今,中国已经成为世界上最大的服装制造和出口国,目前中国的服装加工水平已经达到国际水准。但是,中国绝非世界服装品牌出口的强国,只是全球最大的服装加工厂而已。据统计,中国的服装企业绝大多数采用赚取廉价加工费的 OEM 模式,中国自有品牌的服装不到出口额的 1%(郑苗秧,2006)。其实,采取 OEM 模式,并不是中国众多服装企业的唯一选择,通过打造自主品牌提升利润空间及增加市场生存机会,才是中国众多服装企业应当关注的问题。随着经济全球化进程的加快,中国的服装企业要想大踏步地走出国门,融入到世界经济的浪潮中去,获取与跨国公司同样的话语权,打造自有的强势品牌、实施品牌国际化发展战略势在必行。从某种意义上讲,新奢侈服装品牌代表了一个国家服装行业发展的最高水平,是一个国家核心文化的象征;一个国家新奢侈服装品牌的多少直接反映一个国家服装行业竞争力的强弱。总之,服装品牌的国际化已势在必行,打造有国际影响力的新奢侈服装品牌已经成为中国服装企业的发展方向。

二、时尚体验:新奢侈服装品牌的行业本质

在中国所有与时尚相关的行业中,服装业是变化最快的。有调查显示,在表征时尚的维度上,服装一直首当其冲;77.4%的公众认为一个人是否时尚主要表现在服装上(肖明超,2006)。不同于一般的服装品牌,

新奢侈服装品牌向顾客提供的不仅是实用性的服装产品,更是令人难忘的时尚体验。一般来讲,打造一个新奢侈服装品牌需要跨越三大阶梯:面料做工、款式设计、时尚体验(见图2-2)。

图2-2　打造新奢侈服装品牌的三大阶梯

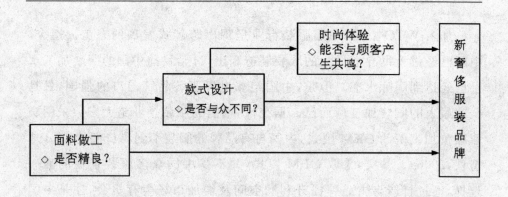

(一)第一阶梯:面料做工

面料指一个服装品牌的实体部分,它是服装业的根基所在。没有面料,服装企业就无法进行款式设计。做工指服装加工的工艺水准。做工的好坏直接影响服装产品的档次。对于新奢侈服装品牌,面料和做工都十分重要。若想打造新奢侈服装品牌,一个服装企业首先要问自己一个问题:面料做工是否精良? 毫不夸张地讲,面料做工是打造新奢侈服装品牌的第一阶梯。

（二）第二阶梯：款式设计

款式设计是打造新奢侈服装品牌的第二阶梯。就新奢侈服装品牌而言，款式设计是传达其品牌理念和所倡导的生活方式最有效、也是最直接的手段。一种服装款式的流行绝非偶然，它是一个国家经济状况以及消费者心态的折射。进入 21 世纪，服装款式流行的周期越来越短。俗话说："逆水行舟，不进则退。"想要打造新奢侈服装品牌，一个服装企业必须准确把握时尚资讯，只有这样才能设计出与众不同的款式服装，最终赢得消费者的青睐。

（三）第三阶梯：时尚体验

新奢侈服装品牌的行业本质就是提供时尚体验。换句话讲，时尚体验是打造新奢侈服装的最后阶梯。如果说面料做工、款式设计属于实际功能层面的话，那么时尚体验则属于心理功能层面。在打造新奢侈服装品牌的三大阶梯中，面料做工、款式设计已经是服装企业求得生存的不可或缺的因素；而把高端品牌与中、低端品牌区分开来的，其实是在于它们是否能够向顾客提供令人难忘的时尚体验。

因为行业本质——时尚体验不能一下子达到，需要由低到高按部就班地去做。第一阶梯是面料做工，第二阶梯是款式设计，第三阶梯是行业本质——时尚体验。若想在新奢侈服装市场上取得成功，服装企业就必须在服装的面料做工、款式设计，特别是在诱发时尚体验上，采取针对性的策略，才能令自己的服装品牌在同质化的泥沼中突围而出。

三、打造新奢侈服装品牌的时尚营销之道

从上文可知,时尚体验是新奢侈服装品牌的行业本质。事实上,时尚营销就是服装企业对其所提供的时尚体验的营销。反观市场,难忘的时尚体验无不归根于独到的时尚营销。对于服装企业来说,把握时尚营销的精髓是打造新奢侈服装品牌的关键所在。在时尚营销上,中国服装企业应做好以下四个方面的工作。

(一)突出品牌个性,把握时尚流行

中国服装企业在打造新奢侈品牌的时候,面临的最大问题就是如何处理品牌个性和时尚流行的关系。在具体运作中,不少企业要么片面地强调品牌个性,置时尚流行于不顾;要么片面追求时尚流行,忽视了品牌个性的维护。其实,品牌个性与时尚流行之间是既对立又统一的关系。在某种意义上讲,品牌个性代表了传统,意味着距离;时尚流行代表了现代,意味着亲近。实践证明:在打造新奢侈服装品牌上,服装企业既要突出品牌个性,又要把握时尚流行。高端服装品牌"上海滩"就是这样做的。

高端服装品牌"上海滩",1994年由香港慈善家邓肇坚之孙邓永锵创办,2000年由瑞士历峰集团成功收购。"上海滩"被收购后,历峰集团并未放弃其中国文化的特色和个性,而是在其特色和个性的基础上,加入了许多国际服装的最新元素,由原先的纯粹中式风格转变为中西合璧,既突出品牌个性又把握时尚流行。"上海滩"品牌执行主席雷富逸解释:"我们整个设计团队都把自己看成中国人,我们传播的是中国文化,灵感也源自中国文化,这是我们的特色,也是我们的优势。""和以往不同的是,我们现在非常强调品牌的时尚性和可穿着性,'上海滩'不是在某

些特定的派对上才能出现的着装,而是可以和其他品牌搭配出现在平常办公室的时装"(张莉,2007)。

(二)实施嫁接营销,让品牌充满活力

所谓嫁接营销是指通过将自己企业的营销活动嫁接在其他企业的营销资源上,从而产生出独特的、差异化的、排他的新营销技术,进而获得营销成果的营销战略。[①] 对于服装企业来说,避免旧品牌老化、帮助新品牌迅速崛起的一个有效途径便是实施嫁接营销。嫁接营销包括产品元素嫁接、销售渠道嫁接、品牌与广告嫁接、促销活动嫁接以及组合嫁接五种模式。这里,重点介绍第四种模式——促销活动嫁接。

促销活动嫁接是指一个企业的产品作为另一企业产品促销的赠品或者抽奖品的嫁接营销合作形式,合作双方都希望能够提高彼此的销售数量,增加消费者的好感,培养消费群体忠诚度和消费习惯。以下是国内高端女装品牌"白领"进行促销嫁接活动的案例。2007 年 6 月 16 日,国内高端女装品牌"白领"牵手国际化妆品品牌"雅诗兰黛",在北京的庄胜崇光百货新馆三层的白领生活情景方式店,举办了一场独特的九周年庆祝活动。促成这次嫁接营销活动的主要原因是,基于多年的店铺营销经验,白领公司发现,其 VIP 顾客与雅诗兰黛的消费群体有很多相似之处,都是针对高端顾客层,并以中年知识女性为主(刘德良,2008)。白领公司通过与雅诗兰黛的合作,既提高了品牌的美誉度,又增加了品牌的新鲜感。

---

① 刘德良:《嫁接营销:创造超常营销效果》,机械工业出版社 2008 年版,第 20 页。

(三)紧扣行业本质,实行虚拟经营

在 1991 年,美国学者罗杰·内格尔提出一种企业策略,主张以"虚"的业务活动为营运中心,外包"实"的业务活动,借此最大效率地发挥企业有限的资源,他把这个策略称为"虚拟经营"(郎咸平,2007)。

实行虚拟经营首先要分辨不同业务活动的虚实,而分辨虚实的一个有效途径就是其能否紧扣行业的本质——提高时尚体验。就新奢侈服装品牌而言,在提升行业本质——时尚体验中,款式设计、时尚营销尤为重要,而面料做工相对次要。不难发现,款式设计、时尚营销应该归为"虚"的业务活动,而面料做工则属于"实"的业务活动。譬如,皮尔卡丹、耐克、阿迪达斯等国际知名品牌就是实行虚拟经营的高手。事实告诉我们,紧扣行业本质,实行虚拟经营,是国内服装企业打造新奢侈服装品牌的锐利武器。

(四)关注终端细节,发挥口碑威力

打造新奢侈服装品牌,不仅依靠广告的传播,更有赖于终端的精耕细作。终端是顾客与品牌相互接触和交流情感的场所,是产品变为商品最关键的一道龙门。毫不夸张地讲,终端的表现事关一个品牌的成败。终端的表现往往取决于终端的每个细节,比如,灯光、陈列、装饰、服务等。就服装企业而言,关注终端的每个细节、营造人性化的时尚氛围,对提升顾客的时尚体验、发挥口碑传播的威力至关重要。

在终端精细化运作上,中国著名休闲服装品牌"美特斯·邦威"堪称一流。"美特斯·邦威"在零售终端上十分关注顾客体验的每个细节,其通过别具匠心的灯光、陈列、装饰、服务等设计,营造出青春、动感的时尚

氛围,令众多追求时尚的年轻人流连忘返,并形成强大的口碑传播的效应。当然,"美特斯·邦威"也凭借着这一点在激烈的市场竞争中突围而出,成为休闲服装领域的领军者。

总而言之,打造中国新奢侈服装品牌,完成服装从"中国制造"到"中国创造",已经成为中国本土服装企业的重要课题。机会总是给予那些有准备的企业。因此,中国服装企业只有把握时尚营销的精髓,在上述四个方面下尽功夫,才会在经济全球化的品牌竞争中脱颖而出。

奢侈品营销案例　奢华的象征——路易·威登（LV）

一提到奢侈品箱包,大多数顾客第一个想到的肯定是 LV——路易·威登(Louis Vuitton)。能够将自己的品牌打造成奢侈品的代名词,路易·威登从法国宫廷的御用箱包的制作者,到工业革命时期受资产阶级新贵们追捧的身份标志,再到现代的路易·威登奢华帝国的建立,整整经历了 156 年的历史。

路易·威登从法国宫廷起步

1837 年,路易·威登先生仅仅是一个很不起眼的小工匠,怀揣着梦想来到巴黎寻找生计。经过多年的行李箱作坊学徒生涯之后,路易·威登开始为法国宫廷服务,成为一名捆衣工。这时的法国国力强盛,拿破仑三世的皇后乌婕尼喜好出游,依靠出色的手艺,路易·威登巧妙地将拿破仑三世皇后的衣物绑在行李箱内,由此得到了皇后的注意和信任。路易·威登先生在宫廷服务的时期正是 LV 品牌形成前的准备阶段。这段时间,他制作行李箱的技术和品味都有了很大的提高,为此后创造出经久不衰的高档行李箱提供了技术保证。当然,这段宫廷经历也让此后的 LV 品牌身价倍增。

1854 年,路易·威登先生意识到新旅行时代的到来。于是他辞去了皇宫中的工作,以"路易·威登"为名,在巴黎创建了首家箱包店,路易·威登(LV)品牌正式创立。凭借为法国皇后服务的经验,路易·威登创造了"Trianongrey"帆布行李箱,它的面世在巴黎上层社会引起了轰动,很快就成为了巴黎贵族出行的首选箱包。"Trianongrey"帆布行李箱的图案在今天仍是 LV 箱包设计的经典元素。

对于 19 世纪 50 年代的皇宫贵族来说,购买路易·威登箱包的理由很简单:品质和方便。在那个没有大众媒体的年代,LV 在上层社会中流传,靠的主要是上层社会成员之间的口碑传播。随着法国贵族旅行的足迹,这种口碑传播也传遍了整个欧洲,起初是在欧洲的宫廷之间,后来扩散到欧洲大陆的贵族们。这种口碑传播不仅增加了 LV 的可信度,而且也提高了 LV 的品牌价值。

路易·威登受到新贵们的追捧

19 世纪,经济的高速发展催生了许多资产阶级新贵。LV 不仅可以满足这些新贵购买宫廷物品以获得身份的认同,而且向他们提供贵族才能享受的特别定制服务。LV 的特别定制服务始于 1854 年,其目的就是让新贵可以拥有梦寐以求的特制箱包。精致、简单、实用的"旅行哲学"成为路易·威登百年不变的品牌理念。就在路易·威登逐步形成奢华、典雅的品牌风格的时候,却遭到了竞争者的仿制。这一切不仅没有影响到路易·威登的发展,还激发了路易·威登先生的儿子乔治·威登的创造力——1896 年,他设计了脍炙人口的 Monogram 图案组合:交叉的 LV 字母、钻石、四瓣花等,以此表达对父亲的敬意。

"LV"商标的诞生对路易·威登的意义非同寻常。它让路易·威登开始作为品牌标志进入顾客的视线,它开启了路易·威登的品牌时代,成为路易·威登箱包的符号代表。"LV"成为顾客心中奢华的象征,拥有 LV 箱包成为人们梦寐以求的选择。

路易·威登奢华帝国的建立

从零开始，勇于创新

1997 年，年仅 34 岁的纽约设计师马克·雅戈布（Marc Jacobs）加盟 LV，出任集团设计总监。在设计上，他提出"从零开始"的极简哲学，将这个设计理念与繁复的贵族式设计风格相结合。他所设计的产品性感、时尚、迷人，受到了全球时尚界的一致好评，正是这种大胆的创新开启了 LV 的鼎盛时代。2003 年，马克·雅戈布与日本新艺术家村上隆合作的产品，配有清新可爱的大头娃娃与色彩艳丽的花花图案，该产品摒除了 LV 经典的 Monogram 图案给人老气的感觉，将"幼稚"之风吹遍了全球。正是凭借这样的大胆创新，才让路易·威登长期一直稳坐在全球顶级奢侈品的宝座上。

注重终端的奢华体验

路易·威登绝对是打造充满创意的旗舰店的高手。2004 年，为庆祝 LV 创立 150 周年，路易·威登将香榭丽舍大道的旗舰店规模扩大了两倍。令人感到意外的是，路易·威登特地制作了两个巨大的行李箱，悬挂在旗舰店大楼的外面，吸引了众多行人的眼球。这时，旗舰店不仅展出了 28 件珍贵的 LV 古董行李箱，而且在旗舰店七层的 LV 美术馆，首次展出了一群先锋艺术家的作品，其中一件由白种女人裸体构成的字母"L"和黑种女人裸体构成的"V"组成的图案最令人瞩目。

平时，徜徉在这家路易·威登旗舰店的漫步长廊，你会看见美国艺术家詹姆斯（James）的灯饰雕塑，以及丹麦概念艺术家奥拉维（Olafur）专门为路易·威登设计的作品。你完全可以把这样的旗舰店视为当代艺术馆。这样的效果正是 LV 所追求的。在巴黎，这家旗舰店据说是排

在埃菲尔铁塔和巴黎圣母院之后最有人气的旅游胜地。

在世界每个国家,LV力图将自己的旗舰店打造成顾客奢华体验的场所,其尊贵地位、奢华姿态,不着一字,尽得风流。

十分重视中国消费者

透过路易·威登官方网站的微小变化,你可以观察到其在中国市场的上升态势。1997年,路易·威登正式开设官方网站时,就开设了中文网页,这也是LV进入中国内地的第五个年头。2001年,路易·威登又开设了一个有英语、法语、日语和繁体中文四种语言版本的新网站。2001年7月,路易·威登中文版本的网页中设立了"大中华焦点"栏目,主要介绍LV在香港、台湾和中国内地的商业动向。

以上情况还得到了路易·威登中国董事总经理施安德先生讲话的印证。他说:"该栏目的确是因为路易·威登的中国消费者,尤其是中国内地消费者数量增长而设立的。"而LV的一个新计划就是开设简体中文版网站和增加贴近内地市场的网站内容。这个进军中国奢侈品行业的奢华品牌试图放下架子去聆听客户的心声,去感受这个新兴市场的时代脉动。LV做出的低姿态不仅没有损害其尊贵的形象,相反把握了中国消费者的特点,了解了顾客购买的动因和能够承受的范围,凭此其才会独占中国奢侈品消费的鳌头。

跨国的客户关系管理

路易·威登设立了跨国的客户关系管理(CRM)数据系统。通过深入挖掘这个系统的客户数据,路易·威登能够有效地洞察客户的偏好,并与客户建立紧密的联系。

跨国的客户关系管理的好处在于,无论中国消费者在全世界的哪家商店购物,客户数据的深入挖掘都能让路易·威登了解到他们的地位和情况。通过对在海外购物的中国消费者的深度跟踪，即使还没有在国内某个城市开设门店，路易·威登也能有效地把握该市场的具体运作。另外，今天购买小件商品的客户，明天就可能购买其他更高价值的商品。在巴黎的商店购买单件商品的中国游客可能在上海的其他商店购买多件同样牌子的商品。迄今，在跨国的客户关系管理上，路易·威登无疑做得十分成功。

路易·威登经历了一百多年的岁月洗礼，今天依然以势不可挡的气势在全球范围内掀起一轮又一轮的时尚风潮。路易·威登的商业传奇说的是一个奢侈品品牌不老的传奇。路易·威登用奢华的气度和创新的行动在全球消费者心中建立起了牢不可破且永远不会被取代的奢华帝国的城堡。

（本案例是根据以下资料整理的：杨静怡、王碧清、迟超，《致命的诱惑——LV：制造圣坛》，《现代广告》2006 年第 5 期，第 35—38 页；张家平，《奢侈孕育品牌》，学林出版社 2007 年版，第 78—88 页；百度百科，《路易·威登》，http://baike.baidu.com/view/2107.html? tp＝0_11。）

[本书点评]

一百多年前，路易·威登先生就已乘鹤而去；一百多年后，路易·威登品牌依然生机盎然。如今，路易·威登品牌几乎成为奢侈品箱包皮具的代名词，成为时尚达人彰显其身份和地位的标志物。认真研读路易·威登的奢侈品营销案例，我们不难发现：路易·威登品牌成功塑造的原因是多方面的。概括起来讲，就是二十四个字：出自名门、小众定位、大胆创新、结缘艺术、以人为本、持之以恒。然而，道理听起来容易，做起来却很难。有时候，那些立志打造本土奢侈品品牌的中国企业需要经常问一下自己：LV 能够做成，那么我能够做成吗？

第三章 故事营销和 核心竞争力问题研究

在第三章中,本书主要探讨的是故事营销和核心竞争力方面的问题。

第一节 故事营销:品牌竞争时代的赢思维

在品牌竞争时代,故事营销不仅是一种品牌营销的方法,而且是一种品牌营销的思维。总结国内外一些知名品牌的成功经验,我们不难发现:故事营销在提升品牌竞争力上有着无可比拟的优势。原因在于:从长期看,物质产品总会斗转星移,经典故事却会历久弥新。

一、品牌竞争时代已经来临

进入 21 世纪,随着经济全球化、网络化的日益加深和市场竞争的日益激烈,品牌对企业在提升企业形象、提高市场竞争力等方面的作用已日趋明显。当今企业之间的竞争已经从产品竞争、技术竞争发展到品牌竞争,我们已经步入品牌竞争时代。目前,品牌已经成为衡量一个企业、一个地区乃至一个国家综合竞争能力的重要标志。据 2008 年世界品牌实验室编制的《世界品牌 500 强》统计,美国占据全球品牌 500 强中的243 席,接近一半,处于绝对领先的地位;法国以 47 个品牌位居第二;日本以 42 个品牌入选排名第三;中国有 15 个品牌入围,列第七位,比 2007 年上升一个名次。其中,中国移动、中央电视台位列前 100 名。难怪世界知识产权组织的权威专家曾这样呼吁:"世界性的商标是一个国家的国宝,哪个国家拥有更多的世界性的驰名商标,它就是未来世界的经济强国。"毫不夸张地讲,谁拥有了令世界瞩目的知名品牌,谁就拥有了进入全球市场的通行证。

二、品牌竞争需要故事营销

在品牌竞争时代,企业创建品牌的方法有很多种,但真正有效的方法却屈指可数。我们看到:在企业营销成本和广告数量不断增加的同时,顾客对产品的认可和品牌的信任度却在持续降低。为此,我们不得不思考这样一个问题:什么才是最有效的品牌营销方法?

作为最古老的品牌营销工具,故事营销正在成为当今企业品牌营销的宠儿。掀开世界知名品牌的营销案例不难发现,每一个品牌的成功都得益于其精彩绝伦的故事营销。顾客为什么迷恋知名品牌?就是因为名牌的背后有着动人的故事。星巴克有惊人的冒险故事,戴比尔斯有动人的爱情故事,上海锦江饭店有感人的服务故事。无疑,故事营销可以让这些品牌故事插上翅膀,飞进每一个顾客的心中。

故事营销是指企业利用各种渠道,通过讲故事的方式向顾客传播企业的愿景、理念和成长经历,以强化顾客对企业的品牌认知和情感联系的活动。就企业而言,故事营销对品牌竞争有以下四点好处。

第一,故事营销有利于企业的品牌定位。

在市场引入期,企业的品牌定位往往比较困难,那么,怎样才能让顾客快速直观地认知企业的品牌定位呢?巧妙借用经典的故事不失为一种有效的方法。

星巴克的品牌名称取自美国作家麦尔维尔的小说《白鲸》,主人公是一名叫星巴克的大副,他幽默坚定、爱喝咖啡,有丰富的航海经验。麦尔维尔在美国和世界文学史上有很高的地位,但其读者群并不算多,主要是受过良好教育、有较高文化品位的人士(钟震玲,2008)。在市场引入期,星巴克率先借用麦尔维尔的《白鲸》生动讲述自己独特的品牌故事,轻松地传递出它对目标市场的定位,恰如其分地将目标群体锁定在城市白领阶层。

第二,故事营销有利于拉近品牌与顾客之间的距离。

古人云:“攻心为上,攻城为下”,“感人心者,莫先乎情”。在过剩经济的时代,冷冰冰的品牌如果不附着上情感,永远不会打动顾客的心。故事营销则有助于将品牌从冰冷的物质世界带到一个温暖的情感世界。在激烈的品牌竞争中,企业凭借充满温情的故事营销,不仅可以强化顾客的情感体验,而且可以拉近品牌与顾客之间的距离。

在20世纪30年代,由于经济不景气,本来市场就有限的钻石行业,遭遇了钻石需求量大幅下降的危机。戴比尔斯为了拉动钻石消费,准备开拓钻石饰品的婚庆市场。它开始向人们讲述动人的爱情故事:沧海桑田,斗转星移,世上并没有永恒的东西,唯有钻石——“The Diamond is Forever”(钻石恒久远,一颗永流传)(李光斗,2009)。至此,戴比尔斯从冰冷的钻石品牌蜕变为象征忠贞爱情的信物,并受到世界各国人民的共同追捧。

第三,故事营销有利于塑造企业的品牌形象。

故事营销的素材可以取自企业的方方面面,如产品的故事、服务的故事和企业人物的故事等。这些品牌故事描绘出企业成长的点点滴滴,从不同侧面勾勒出企业的品牌形象。实践证明:精心策划的故事营销不仅能够让顾客轻松地记住企业的品牌故事,而且能够在顾客脑海中留下

深刻而难忘的品牌印象。

在上海锦江饭店品牌形象的塑造上,其对一系列服务故事的宣传活动功不可没。1984年,美国前总统里根夫妇访问上海,下榻在锦江饭店。他和夫人南希早上起来,穿上晨装一试,不由得惊讶万分,哦,这么合身!就像为他们量了尺寸定做的。其实,早在他们到来之前,锦江饭店已收集了他们这方面的资料,而且知道南希喜欢鲜艳的服饰,事先为她定做了大红缎子睡衣。为了感谢"锦江"出色的服务,里根在离开"锦江"时,特地将他们夫妇合拍的照片夹在留言簿中,赠给"锦江"作为纪念(叶万春,2007)。锦江饭店精心策划并报道了此类故事,此举不仅在公众中树立了品牌形象,而且让自己的名声越传越远。

第四,故事营销有利于培育和发展企业的品牌文化。

品牌的背后是文化。没有文化的品牌是没有竞争力的品牌。就企业而言,品牌文化的塑造非一日之功,而是一项终身的事业。在品牌文化的培育和发展上,故事营销避免了传统营销刻板的做法,它通过一个接一个品牌故事的成功演绎,让顾客在一点一滴中感受企业品牌文化的独特魅力。

北京同仁堂是一家创建于1669年的中医药老字号企业。在三百多年的发展史中,同仁堂身体力行用一个个真实的故事培育和发展"同修仁德,济世养生"的品牌文化。2003年,在抗击非典的过程中,同仁堂每卖出一服"抗非典方"就亏损二元钱,仅此一项该企业就报亏600万元。政府发布了限价令,规定每服药只能卖九元;可是药材的采购价格却数倍地疯涨。当时不少实力不济的药店纷纷放弃销售"抗非典方",而同仁堂的决策层却告勉自己的员工说:国家有难之际也是我们回报社会之时(黄茂军,2003)。这些中华老字号正是靠由真实故事写就的品牌文化,跨越百年历久弥新。

三、品牌竞争时代故事营销的致胜法则

在品牌竞争时代,故事营销已经成为企业间品牌竞争的锐利武器。实践证明:不同的故事营销法则有着不同的故事营销效果。就企业而言,只有把握正确的故事营销法则,才能充分发挥故事营销的作用。本书认为,企业在故事营销上应把握以下五项法则。

(一)真实性法则——真实的故事最有力量

品牌故事不应是人为编造出来的,故事营销应取材于企业品牌的真实故事,包括品牌诞生的传奇故事、对产品精益求精的日常故事以及为顾客服务的感人故事。实践证明:故事的真实性是故事营销实施的基础。可以说,真实的故事会让品牌深入人心,虚假的故事会让品牌名声扫地。

举一反例,欧典企业就是因编造虚假故事让欧典地板品牌名声扫地的。欧典企业在印制精美的宣传册上谎称:德国欧典总部创建于1903年,在欧洲拥有一个研发中心、五个生产基地,产品行销全球八十多个国家。此外,在德国巴伐利亚州罗森海姆市拥有占地超过50万平方米的办公和生产厂区。中央电视台在2006年"3·15"晚会上向全国消费者揭开了这个内幕:德国欧典总部其实根本不存在,欧典企业存在严重欺诈消费者的行为(盛秀华,2006)。迄今欧典企业遭遇的信誉危机充分说明:一个企业编造虚假故事的结果只有一个,那就是搬自己的石头砸自己的脚。

（二）感知性法则——让品牌故事通俗易懂

感知性法则是指企业在整个故事营销过程中尽量让顾客轻松地感知关于产品、服务和品牌等所有细节。也就是说，企业是做什么的？企业的优势在哪里？企业能为顾客带来哪些品牌体验……都要让顾客在阅读品牌故事时轻松地找到答案。就企业而言，让顾客感知到你做了什么比你自己独自做了什么更重要。

1915 年，巴拿马举行国际博览会，中国政府派代表携国酒茅台参展，虽然茅台酒质量上乘，但由于装潢简朴遭到冷遇。西方评酒专家对茅台酒不屑一顾。就在评酒会的最后一天，中国代表情急之中突生一计。他提着酒走到展厅最热闹的地方，装作失手，将酒瓶摔破在地，顿时浓香四溢。众人纷纷到茅台酒的展台前抢购，认为茅台酒比"白兰地"、"香槟"更具特色。茅台酒的香气也令评酒专家刮目相看。这一招不仅让茅台酒在博览会上夺得了金奖，而且由此一举成名，走向世界。毋庸置疑，茅台公司用通俗易懂的品牌故事让顾客轻松地感知到茅台品牌卓尔不群的品质。

（三）持久性法则——故事的长度决定品牌的长度

作为品牌文化的载体，品牌故事既描绘着企业的成长轨迹，又记录着顾客的情感经历。品牌故事应该是一部长篇的连续剧，品牌的故事营销应成为企业一辈子的事业。在某种意义上讲，品牌故事的长度决定品牌生命的长度。欧洲奢侈品品牌——路易·威登就是这一法则的践行者。

路易·威登是一个有着一百多年历史、曾为皇室服务的、奢华的以皮具而著称的品牌,从一介皮匠到为法国王室服务,它具有传奇的故事背景。路易·威登对产品质量的苛刻要求在业界和消费者中传颂着许多脍炙人口的故事:路易·威登皮具使用的所有拉链,出厂前都要经过数千次的破坏性试验;其皮具在加工成形后,还要进行红外线、紫外线、耐腐蚀以及高处摔下等质量测试;值得一提的是,在原材料的采购上,路易·威登严格选用英国、法国某地的上好牛皮,以至于连宝马公司都对外宣称其车内的座椅选用的是路易·威登的皮革(杨大筠,2007)。毫不夸张地讲,正是这些远近不同的故事赋予了路易·威登强大而持久的生命力。

(四)借力性法则——好的故事需要好的平台

在故事营销过程中,好的品牌故事需要好的传播平台。好的传播平台能够汇集世人的目光,极大提升品牌故事传播的效果。互联网是一个好的传播平台,它具有传播范围广、速度快、成本低、互动性强等特点;奥运会也是一个好的传播平台,它能让企业实现从地区品牌到世界品牌的跨越。在故事营销上,企业要学会利用社会资源,选择适合自己的传播平台。

李宁牌是国内的第一大运动品牌。与2008奥运赞助商擦肩而过是李宁的一大遗憾,但李宁并没有气馁,他对北京奥组委积极公关,最后凭借其世界体坛的战绩及对中国体育事业的贡献终于实现了2008奥运主火炬手的"梦想",这个梦的圆满,为李宁牌开创了一个全新故事的开端(李琼,2009)。别开生面的奥运开幕式,李宁踏着祥云在"空中"点燃奥运火炬的那一刹那,不仅点燃了北京奥运的激情和梦想,而且也点燃了世界对李宁及其品牌的关注和热情。

(五)专业性法则——故事营销离不开成功的策划

成功总是垂青有准备的企业。在故事营销策划的过程中,无论是故事的储备、主题的设计还是机会的把握、媒体的选择、效果的反馈,企业都要预先准备并落实到位。当然,如果在故事营销上经验不足,企业还可以借助专业性策划公司的力量。王老吉快速成长为国内罐装饮料的第一品牌,其具有专业水准的故事营销策划功不可没。

2008年5月18日,由国家多个部委和中央电视台联合举办的赈灾募捐晚会上,王老吉宣布捐款1亿元,它的故事顿时成为人们关注的焦点。与此同时,王老吉的宣传活动全面启动,当晚中国第一社区平台——百度贴吧即出现大量询问帖。5月19日,百度贴吧各大论坛针对王老吉的讨论已经铺天盖地。5月20—22日,王老吉在网络上用了一系列组合拳进行推广。王老吉用一个正话反说的方法,在各大论坛上炒作《封杀王老吉》的帖子:"王老吉,你够狠!捐1个亿,胆敢是王石的200倍!为了整治这个嚣张的企业,买光超市的王老吉!上一罐买一罐!不买的就不要顶这个帖子啦!"接下来不断出现王老吉在一些地方断销的新闻(徐孟晓、王旭,2009)。正是凭借专业水准的故事营销策划,王老吉在一夜之间红遍神州大地。

在品牌竞争时代,几乎所有企业都在探寻著名品牌长盛不衰的秘诀,然而在分析众多企业,如星巴克、戴比尔斯、锦江饭店、同仁堂、茅台、路易·威登、李宁、王老吉等中外企业的成功经验之后,会发现:品牌的故事营销在企业的品牌培育和发展上作用显著。对企业来说,故事营销既是一种营销方法,又是一种营销思维。它代表了未来品牌营销的方向。中国企业应学会用故事营销的思维武装自己的头脑,努力让它真正成为赢得顾客忠诚、塑造差异化品牌的致胜法宝。

第二节 树立核心竞争力：越过多元化经营的陷阱

目前企业所面临的巨大挑战是，如何在急剧变换的市场与环境条件下，建立并保持可行的经营业务。多元化经营似乎成了很多企业的首选，像 TCL、长虹、海尔、华为等国内著名企业都在走这条路。但是，实践证明：多元化经营有如"双刃剑"，它既会给企业带来机会，也会给企业设下陷阱。那么，企业如何才能越过多元化经营的陷阱呢？答案有一个：就是要树立核心竞争力。

一、树立核心竞争力是企业致胜的关键

国外学者哈姆尔和普拉赫拉德认为：核心竞争力是指一种能为企业进入各类市场提供潜在机会，能借助最终产品为所认定的顾客利益做出重大贡献，而且不易为竞争者所模仿的能力。一个企业要进行生产，自然离不开人力、原材料、设备以及信息等资源。以前，企业都是自己拥有资源并对企业生产中的大多数资源实施控制。然而，现在情况不同了，企业发现一些由它们控制的资源并不如从外部获得的资源运营得好。它们可以以更低的成本获得某些外部资源。如今越来越多的企业已转向从外部获得那些非关键性资源，而把主要精力投入到构成业务实质核心的资源和能力，即核心竞争力的拥有和塑造上。在这一点上，世界汽车行业的发展无疑具有代表性。据统计，世界大型汽车制造商的零部件自制率已降到 30% 以下，而 70% 以上都在全世界范围内最佳采购。透过以上数字，我们可以看出：当今全球汽车业的竞争，已从过去整车的竞争逐步细化为关键部件乃至核心技术能力的竞争。因此，对于企业而言，谁拥有了核心竞争力，谁就拥有了发展。聪明的公司十分关注它们的核心竞争力的塑造，并借此作为其未来产品和业务战略规划的基础。

比如,美国苹果公司利用其在软件、电脑及工业设计上建立起的核心竞争力,有力地支持了其平板电脑(iPad)、移动电话(iPhone)以及 MP3 播放器(iPod)等产品的生产。

二、树立核心竞争力,可以有效地避免盲目多元化的倾向

一般来讲,企业的发展往往要经过创业、扩张、多元化三个阶段。可以说,多元化经营是企业发展到一定阶段的一种自然选择。目前世界 500 强企业,94%都实行多元化经营。其优点有四:一是通过业务组合,规避风险;二是充分发挥核心竞争力的辐射作用;三是充分利用闲置资源,或充分利用现有的营销能力和渠道,或充分利用现有的生产能力,或利用现有的顾客基础,等等;四是形成知名品牌家族,实现集团化规模增长。从可持续发展而言,企业实施多元化经营本无可厚非,问题是多元化应量力而行,不应以损失核心竞争力为代价。如前所述,树立核心竞争力是企业致胜的关键,实施多元化经营的企业当然也不例外。俗话说得好:"伤其十指不如断其一指。"全面出击,不如重点出击。企业经营的实践证明:企业突出其核心竞争力的塑造,并紧紧围绕它在相关领域做文章,可有效地克服盲目多元化的倾向,并走向成功。反之,就会坠入盲目多元化铺设的陷阱,遭受灭顶之灾。深圳华为技术有限公司(简称华为)之所以有今天的成功,其诀窍就是树立核心竞争力,避免盲目多元化。华为在多元化经营上强调只生产通信领域内的相关产品,绝不涉足其他领域。作为国内通信领域的领军者,华为长期坚持将销售收入 10%的费用和 43%的员工投入研发,并将研发投入的 10%用于前沿技术、核心技术以及基础技术的研究。值得注意的是,华为近两年的年均研发投入更达到了十亿美元以上,研发人员数量达到了四万人(蒋媛,2009)。

三、树立核心竞争力,越过多元化经营的陷阱

树立核心竞争力,越过多元化经营的陷阱,企业应重点做好以下两个方面的工作。

(一)企业应做好技术创新工作

众所周知,技术创新已成为企业在竞争中赢得优势的重要前提。随着社会的进步、科技的突飞猛进,处于现代社会中的企业必须注重技术的研究与开发,要始终保持在技术上的核心竞争力。倘若丧失了技术优势,极易在竞争中被淘汰。对实施多元化经营的企业来讲,技术创新尤为重要。在技术创新上,企业应努力做到"嘴里吃一个,手中拿一个,眼睛盯一个,脑袋装一个",只有这样,才能保持产品在市场上旺盛不衰的生命力。企业要占据技术的制高点,光依靠自己的技术开发能力,是很难适应瞬息万变的市场的。企业应加强与高等院校以及其他机构的技术合作,并组成相应的开发联盟,以实现优势互补,成果共享,最终以快制胜。再者,企业还应加强对国外先进技术的引进、消化和吸收,缩短与国外的差距,最终实现同步发展。

(二)企业应做好人才工程

树立核心竞争力,最需要的是人才,企业成功归根到底是依赖于优秀的人才。故企业在进行多元化发展时,必须有多元化领域内相应经营管理和技术等方面专业人才的支撑,多元化发展才能成功;反之,则可能受阻。在人才工程上,企业应走外部招聘与内部培养相结合的路子。外部招聘,应真正从企业的需要出发,面向社会公开招聘,平等竞争,择优

录取。另外,员工的内部培训要有时代特点,应理论和实践相结合,并能学以致用。今天已步入全球竞争的时代,人才的争夺愈加明显,中国企业应主动做好人才的培养和引进工作,只有这样,才能求得自身的生存与发展。

总之,企业实施多元化经营,必须从效益需求和实力的客观实际出发,以核心竞争力为"跳板",注意资源的相关性,找准市场切入点,越过多元化经营的陷阱。

故事营销案例　海尔砸冰箱的故事

1984 年,张瑞敏刚接手海尔的时候,海尔还是一个亏损 147 万元的小厂,当时连工厂员工的工资都是张瑞敏从老家借来的。

1985 年,海尔从德国引进了世界一流的冰箱生产线。随后,一位顾客向海尔反映:海尔生产的"瑞雪"牌冰箱有质量问题。于是,张瑞敏突击检查了仓库,发现仓库中不合格的冰箱还有 76 台。当时人们的生活水平还不高,76 台冰箱对海尔来说也是很大一笔财产。

针对这 76 台冰箱,海尔员工提出了不同的处理办法:有的建议低价卖给员工,有的建议修好后重新投向市场。就在许多员工十分犹豫时,张瑞敏却做出了有悖"常理"的决定:开一个全体员工的现场会,把 76 台冰箱当众全部砸掉!而且,由生产这些冰箱的员工亲自来砸!

听到这个处理决定之后,很多老员工当场就流泪了……要知道,当时别说"砸"东西,企业就连开工资都十分困难!况且,在那个物资还紧缺的年代,别说正品,就是次品也要凭票购买的!如此"糟践",大家"心疼"啊!

但张瑞敏明白:如果放行这些产品,就谈不上质量意识!我们不能用任何姑息的做法,来告诉大家可以生产这种带缺陷的冰箱,否则今天是 76 台,明天就可以是 760 台……

正是这一砸,砸醒了员工的质量意识;也正是这一砸,砸出了海尔的信誉,为海尔砸出了一个光明的、美好的未来。

从此,在家电行业,海尔砸毁 76 台不合格冰箱的故事就传开了,并且越传越远。至于那把著名的大锤,海尔已把它摆在了展览厅里,让每一个新员工参观时都牢牢记住它。

1999 年 9 月 28 日,张瑞敏在上海《财富》论坛上说:"这把大锤对海尔今天走向世界,是立了大功的!"可以说,砸冰箱的举动在中国的企业改革中,等同于福特汽车流水线的改革。

企业管理的最大挑战,便是在事情出现不好的苗头时,就果断采取措施转变员工的思想观念。在次品依然紧缺时,海尔就看到了次品除了被淘汰,毫无出路!任何企业要走品牌营销的发展道路,质量就永远是生存之本。所以海尔提出:"有缺陷的产品,就是废品!"而海尔的全面质量管理,推广的不是数理统计方法,而是提倡"优秀的产品是优秀的员工干出来的",从转变员工的质量观念入手,实现品牌经营。

(本案例是根据以下资料整理的:海尔集团,《砸冰箱的故事》,ht-tp://www.haier.cn/about/culture_index_detail34.shtml;李光斗,《故事营销》,机械工业出版社 2009 年版,第 82—83 页。)

[本书点评]

当时在给工人发工资都十分困难的情况下,如果你是海尔的老总,你会像张瑞敏那样果断地举起大锤,命令职工当众砸毁那 76 台不合格冰箱吗?答案也许未必!

实践证明:每个成功的企业都是抱有信仰的。而海尔的信仰就是"零缺陷"的质量观念。对当家人张瑞敏来说,损失 76 台不合格冰箱是一件小事,丧失质量观念才是一件大事。张瑞敏正是利用砸冰箱这个契

机,将质量观念在职工的头脑中牢牢地树立起来,让职工深刻地意识到:有缺陷的产品就是废品。结果,诚如这个案例所说:"正是这一砸,砸醒了职工的质量意识;也正是这一砸,砸出了海尔的信誉,为海尔砸出了一个光明的、美好的未来。"1999 年 9 月 28 日,张瑞敏在《财富》论坛上说:"这把大锤对海尔今天走向世界,是立了大功的!"此言不虚。

毫无疑问,海尔的故事营销成就了今天的地位,更赢得了顾客的信赖。

第四章　区域营销问题研究

在第四章中,本书主要探讨的是辽宁省若干企业和行业的营销问题及其应对之策。

第一节　辽宁省服装企业存在的问题及对策研究

改革开放三十多年让辽宁省服装企业有了长足的发展,但是我们不能不注意到,随着国内居民消费水平的不断升级以及国际经济形势的不断变化,辽宁省服装企业在发展中存在的问题已日益突显,并严重阻碍了服装企业的进一步发展。2008年是辽宁乃至中国服装业发展史上极不寻常的一年,这一年爆发了全球性的国际金融危机。迄今,国际金融危机仍然没有结束。国际金融危机导致国际市场持续低迷,国内市场消费放缓。在国际金融危机的特殊背景下,如何有效地解决自身存在的问题,促进服装企业不断发展壮大,已成为辽宁省服装企业的重要课题。本节试从分析辽宁省服装企业存在的主要问题以及国际金融危机对辽宁省服装企业的影响入手,探究服装企业今后的发展道路,并基于此提出相应的对策建议。

一、辽宁省服装企业存在的主要问题

辽宁省服装企业经过三十多年的发展,已经拥有了一定的实力,打造了一些品牌,并且部分品牌已经得到众多消费者的青睐,譬如,"创世"、"桑扶兰"、"思凡"、"皇仕"、"A&V"、"蝶姿"、"唐人·查侬娜"、"丛迪"、"金雪儿"、"丰雷"和"凯森蒙"等品牌。但从辽宁省服装企业的整体现状来看,目前依然存在一些问题。

(一)企业规模小,产业集中度低

辽宁省服装企业规模小,产业集中度低,整体发展明显落后于广东、浙江、江苏、山东、福建等其他省份。2008 年,辽宁省规模以上的服装企业[①]有 597 家,实现主营业务收入 292.56 亿元,累计完成服装产量 3.4087亿件,占全国的比重仅为 1.65%;而我国其他八省一市完成的服装产量(占全国的比重)分别是:广东省 48.957 亿件(23.71%)、浙江省 41.0127 亿件(19.86%)、江苏省 36.3847 亿件(17.62%)、山东省 26.0402亿件(12.61%)、福建省 14.3002 亿件(6.92%)、江西省 8.3051 亿件(4.02%)、上海市 6.102 亿件(2.95%)、河北省 4.4279 亿件(2.14%)、河南省 3.4711 亿件(1.68%)(蒋衡杰,2009)。从表 4-1 可以看出,辽宁省的服装产量位于全国第十位,服装业的总体规模明显落后于前面的八省一市。另外,在 2008 年服装行业"产品销售收入"百强企业中,辽宁省只有大连大杨集团和辽宁雅威集团,而浙江省宁波市却有十家服装企业入围。放眼全国不难发现:企业规模小,产业集中度低正是造成辽宁省服装产量上不去、在全国所占比重偏低的直接原因。

---

① 规模以上的服装企业是指年产品销售收入在 500 万元以上的服装企业。

表 4 –1 2008 年全国服装产量前 15 名省(市)情况

排 名	地 区	累计(万件)	同比(%)	比重(%)
1	广东省	489,570	− 2.38	23.71
2	浙江省	410,127	2.36	19.86
3	江苏省	363,847	8.14	17.62
4	山东省	260,402	4.64	12.61
5	福建省	143,002	9.05	6.92
6	江西省	83,051	14.08	4.02
7	上海市	61,020	− 5.80	2.95
8	河北省	44,279	22.31	2.14
9	河南省	34,711	35.79	1.68
10	辽宁省	34,087	5.77	1.65
11	湖北省	31,763	10.10	1.54
12	安徽省	25,980	30.32	1.26
13	北京市	16,686	− 8.39	0.81
14	天津市	16,537	11.25	0.80
15	湖南省	15,486	20.89	0.75
	全 国	2,065,173	4.80	100.00

资料来源:蒋衡杰:《2008—2009 中国服装行业发展报告》,中国纺织出版社 2009 年版,第 4 页。

(二)低端品牌多,高端品牌少

目前,辽宁省服装企业达 2500 多家。在这些服装企业中,大部分企业拥有的是附加值低的低端品牌,而非附加值高的高端品牌。迄今,能真正称得上是高端品牌的只有"创世"、"桑扶兰"、"思凡"等少数几个。众多低端品牌由于产品附加值低,品牌影响力小,很难在国内外形成大

的气候。值得注意的是,众多附加值低的低端品牌相互竞争的结果,不仅造成了企业生产的服装大量积压、经济效益下降,而且也造成了企业没有后续资金开发新的产品,使得顾客无法买到称心如意的服装。

如今,国际金融危机让辽宁省服装企业的生存面临着严峻的挑战,也切身感受到低端品牌附加值低带来的阵痛。在国际贸易中,由于没有高端品牌,缺乏话语权的辽宁省服装企业只能为国外的服装企业做贴牌加工(OEM)。以帽子为例,辽宁省服装企业将做好的成品出口给美国一级代理商,价格仅一两美元,最后贴牌进入配送、流通渠道,到美国消费者手中时却可以卖到 20 至 30 美元;再以毛衫为例,2004 年辽宁省优质毛衫出口的平均价格为七美元,2005 年下降到三美元,2007 年最低的卖到 0.8 美元,很多企业连本钱都拿不回来。辽宁省外经贸厅进出口处处长王伟认为,由于产品档次比较低,很多还是大路货,造成了产品附加值低,因而辽宁省纺织服装产品出口竞争力相对较弱,再加上政策有个风吹草动,影响更大(王晓强,2007)。

(三)高端品牌知名度小,所属企业销售收入低

在"创世"、"桑扶兰"、"思凡"等这些省内的高端服装品牌中,目前拥有"中国名牌"的服装品牌只有大杨集团的"创世"一个。然而,在浙江省内,温州一个城市就拥有八个"中国名牌",宁波市也拥有六个"中国名牌"。"雅戈尔"、"红豆"、"波司登"等最知名的"中国名牌"均出自南方,这对有较强服装加工基础的辽宁企业来说无疑是十分尴尬的。另外,与南方发达地区知名品牌相比,"创世"、"桑扶兰"、"思凡"等所属企业的销售收入差距十分明显。譬如,"雅戈尔"、"红豆"、"波司登"等所属企业年销售收入都在 100 亿—200 亿元之间,而辽宁省最知名的"创世"品牌所属企业大杨集团的 2006 年销售收入只有 25 亿元。

高端品牌知名度小、所属企业销售收入低无疑是辽宁省服装企业发展水平的真实写照。这种情况若不能得到及时解决,势必会影响辽宁省高端品牌的地域扩张和辽宁省服装业的产业升级,在与南方发达地区以及国外的服装企业进行合作时只会扮演弱者的角色。

(四)出口依存度高,受国际环境影响大

据统计,辽宁省服装出口交货值占服装销售收入的73%,远高于全国平均水平的48.9%(同黎娜,2006)。值得一提的是,众多服装企业是以贴牌加工的方式出口,而不是通过自主品牌出口。在劳动力成本、人民币汇率水平逐年上升,特别是在国际金融危机引发的国际市场低迷的情况下,出口依存度高的辽宁省服装企业采取单一的贴牌加工的方式,等待它的肯定是前所未有的冲击和亏损。

在国际金融危机的背景下,辽宁省服装企业要想化危机为转机,其不仅要打造高附加值的自主品牌,而且还要积极开拓国内市场,只有这样才能抓住发展的先机,提高市场竞争力,在严峻的生存环境中脱颖而出,并取得可观的盈利回报。

(五)产业链整合程度低,市场反应速度慢

著名经济学家郎咸平教授有一个关于产业链的"6+1"理论,"6"指的是产品设计、原料采购、仓储运输、订单处理、批发经营、终端零售六大环节,"1"指的是纯粹的产品制造一个环节(见图4-1)。在产业链中,发达国家做的是利润丰厚的"6",而中国企业做的是利润最薄的"1"。他认为:在国际金融危机中,纯制造、纯出口已经很困难了,现在要做的事情就是从纯制造转向上述六大环节,这才是中国制造业未来的发展

方向。

图4-1 产业链的"6+1"环节

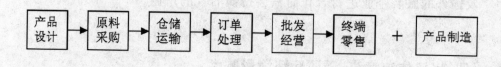

　　从全省的范围来看,辽宁省服装上下游的产业链的整合程度还很低。目前,众多服装企业仍然集中在服装的纯制造环节,在产品设计、原料采购、仓储运输、订单处理、批发经营、终端零售六大环节着力不够。具体而言,辽宁省除了在制造环节有一些实力较强的服装企业外,其他六个环节仍缺少实力较强的龙头企业。长期以来,在辽宁省服装产业链中的上游产品——面料、辅料等,几乎都由国外和省外的企业供应。譬如,辽宁省大连市的服装企业就经受着省内缺少面料、辅料的困扰,目前产业链条断档已经严重制约了大连市服装企业的发展。据统计,大连市约85%的服装企业是"两头在外"的来料加工企业,面料、辅料很大部分是从国外采购的,来料加工的贸易方式相当普遍。由于上游产品都由对方提供,造成本地产业脱节,无法在本地形成真正意义上的产业链和整体竞争力(徐四清,2006;王国彩、张银川,2007)。

　　服装产业链的整合程度低,不仅会直接影响辽宁省服装企业的经营成本,还会直接影响辽宁省服装企业的市场反应速度。比如,辽宁省服装企业的一件服装产品走完"6+1"的产业流程平均需要180天,而西班牙ZARA的一件服装产品走完"6+1"的产业流程只需要12天。与西班牙的ZARA相比,一方面,辽宁省服装企业的经营成本差距很大,因为光仓储成本就要多花费95%;另一方面,180天比12天多出168天,辽宁省服装企业的市场反应速度确实太慢。服装业有一个规律:服装产品每天的贬值率达 0.7%。[①] 一般而言,12 天基本还能及时地把握市场的脉搏。然而,180 天之后,市场的需求可能早就变化了。试问一下:一个市场反应速度长达 180 天的服装企业,它能及时地把握市场的脉搏、能设计并生产出顾客称心如意的服装来吗? 答案无疑是否定的。

(六)高端人才匮乏,自主创新能力低

经过三十多年的发展,辽宁省服装企业在生产技术上已经很有优势,劣势就是服装企业的自主创新能力低,特别是设计水准和国际化的营销能力低。而自主创新能力低,关键在于人才的不足,尤其是高端人才的匮乏。从设计师方面来看,国内的一线设计师大多集中在北京、上海、广东和浙江等服装业十分发达的城市和地区,辽宁省服装企业缺少吸引一线设计师的软硬件条件,本地区培养的很多优秀设计师也因为待遇条件、缺乏展示才华的舞台而流向其他发达的城市和地区。从国际化的营销人才来看,辽宁省服装企业十分缺乏拥有国际视野、具有理论基础和实际工作经验的高级营销人才。毋庸置疑,这些高端人才的匮乏,已经严重制约了辽宁省服装企业的进一步发展。这也是为什么辽宁省仅有少数几个高端服装品牌的重要原因之一。

一项针对辽宁省服装企业的问卷调查结果无疑更说明问题。问卷调查结果显示,服装企业高学历人员仅占 4%,各类技术人员仅占 9%。数据预示着辽宁省服装企业自主创新的主体结构还没有搭建,显现出辽宁省服装企业高附加值产品设计开发能力的不足。问卷调查结果还显

---

① 郎咸平:《你想到的都是错的——本质Ⅳ:你的想法要符合行业本质》,东方出版社 2008 年版,第 131 页。

示(见表 4 - 2),辽宁省服装企业采取自己独立开发的几乎没有(0%),大部分服装企业采取的是对市场产品进行简单模仿(82%)或与科研机构合作开发新产品(64%);同时,高级营销人才的匮乏,使得服装企业的设计、生产、销售严重脱节,难以把握市场的脉搏,只能被动地接受市场,不能主动地引导市场(陆鑫、顾韵芬、陈洪涛,2008)。

表 4 - 2 辽宁省服装企业产品开发的主要方式

序号	企业产品开发的主要方式类别	比例
1	对市场产品进行简单模仿的企业	27%
2	在模仿的基础上进行创新的企业	82%
3	与科研机构合作开发新产品的企业	64%
4	委托科研机构开发的企业	27%
5	自己独立开发或者购买现成技术成果的企业	0%

资料来源:陆鑫、顾韵芬、陈洪涛:《辽中南城市群服装产业现状与发展策略》,《辽东学院学报(社会科学版)》2008 年第 6 期,第 52 页。

二、国际金融危机对辽宁省服装企业的影响

概括地讲,国际金融危机对辽宁省服装企业的影响主要表现以下五个方面。

(一)日欧美订单减少,对外出口受阻

日本、欧盟、美国是辽宁省服装出口的前三大市场。自 2008 年下半年起,辽宁省服装出口受到了国际金融危机的强烈冲击。原因在于,国际金融危机已经波及到各国的实体经济,日欧美经济出现了不同程度的下滑,消费需求下降,服装订单减少,致使辽宁省服装企业对外出口严重

受阻。从趋势上看,国际金融危机丝毫没有见底的迹象,今后日欧美的消费需求还可能会继续下降,对辽宁省服装企业来说遭遇对外出口受阻的现象还会不断发生。

(二)对外依存度高的中小企业经营越发困难

在国际金融危机和国内劳动力成本、人民币汇率水平上升的夹击下,对外依存度高的辽宁省中小型服装企业生产经营会越发困难。在外销订单不断减少的情况下,以承接二、三手加工订单为生存手段的中小型企业不仅接不到订单,即便接到了订单也几乎无利可图,最终必将导致大量中小型服装企业关门歇业。据辽宁省服装协会的调查显示,在国际金融危机的大环境下,辽宁省中小型服装企业的经营现状不容乐观,目前规模以下的服装企业已有 50% 亮起了红灯(秦怡,2009)。

(三)服装的内需市场变得越来越重要

2008 年,在国际金融危机的影响下,美国、欧盟和日本等发达经济体消费需求一路下滑。预计未来几年,美国、欧盟和日本居民服装类消费需求将持续下滑。其中,美国、欧盟今后消费将同比下降 1%—2%、1%,日本服装类需求萎缩程度将略好于美国和欧盟(蒋衡杰,2009)。

较之美国、欧盟和日本,辽宁乃至全国的服装类消费基本保持稳定,特别是中小城市乃至县级城市城镇消费可能逆势而上,有可能带动了辽宁乃至全国服装消费需求的增长。就辽宁省服装企业而言,服装的内需市场将变得越来越重要。毫不夸张地说,谁抢占了内需市场,谁就赢得了摆脱国际金融危机、进一步做大做强的主动权。

(四)企业破产和兼并重组的现象将不断增多

经济形势不好的时期,往往是企业破产和兼并重组的多发期。国际金融危机引发的国内外需求的降低加快了辽宁省服装企业破产和兼并重组的步伐。未来一段时期,一些管理水平低、没有核心竞争力的中小型服装企业将相继破产倒闭;一些管理水平高、拥有核心竞争力的强势服装企业,可能通过兼并重组的方式整合社会资源,有效地降低了产品成本和市场风险。目前,葫芦岛德容集团正在积极参与海外并购项目;丹东新龙制衣与香港联泰集团、广东广新集团合资组建新龙泰公司,总投资12亿元,一期工程新建了一条水洗生产线和80条阿迪达斯服装生产线,现已完工投产,形成年产450万套生产能力,预计未来几年主营业务收入可达20亿元(秦怡,2009)。

(五)为高端品牌的打造和服装产业的升级提供了难得机遇

危机总是危险和机遇并存。反过来,国际金融危机也为高端品牌的打造和服装产业的升级提供了难得机遇。目前,国内外服装业处于洗牌期,辽宁省的强势企业正抓紧时机,力图在打造高端服装品牌、抢占国内外市场、提升服装企业竞争力等方面有所作为。据辽宁省服装协会的调查显示,大连思凡服装服饰有限公司又推出了高档女装品牌"思凡假日",开拓新的市场领域;大连桑扶兰实业有限公司已经开始运作新的集合品牌"Happbra",专卖店渠道品牌处于国内空白时期,具有广阔的发展空间。另外,桑扶兰正在筹划与伊藤忠的合作,准备将自主品牌打入国外市场(秦怡,2009)。当然,这些高端品牌的打造对提升辽宁省服装产业的层次无疑是十分有利的。

三、辽宁省服装企业应采取的对策

从国际的形势来看,当下受国际金融危机冲击最大的是那些贴牌加工的企业,而拥有高端服装品牌的企业受到的冲击则很小。可见,对于辽宁省服装企业来说,打造高端服装品牌应是今后企业不断努力和发展的方向。在打造高端服装品牌方面,辽宁省服装企业应努力做好以下七个方面的工作。

(一)制定高端品牌战略,开拓中外两大市场

美国战略学家安绍夫认为,战略是一整套用来指导企业组织行为的决策准则。打造高端服装品牌是一个极其复杂的系统工程。品牌战略好比未来品牌营销的"启明星"。没有品牌战略引领的服装企业,最终只能陷入被动与盲从。对于辽宁省服装企业来说,制定高端品牌战略有利于企业用战略的眼光,放眼全球、合理布局,有效地开拓国内、国外两大市场。在这次国际金融危机中,辽宁省多数服装企业受到的冲击较大,除了出口服装的附加值低外,跟它们没有制定高端服装品牌战略、没有开拓中国内销市场有很大的关系。

而早在2004年,中国还没有取消纺织品服装出口配额时,大杨集团就制定了打造高端男装的品牌战略。为了打造高端男装品牌,大杨集团还聘请了国际化的团队——企划人员来自韩国,市场推广人员来自美国,服装工艺师和设计师则来自意大利和英国。意大利的设计大师伊万诺·凯特林已是"创世"男装顶级产品线的首席设计师。目前,大杨"创世"已成功地从单一的"出口贸易商"转型为专业化的"高端男装品牌"。同时,"创世"男装还积极开拓国内市场,2008年已经在国内拥有四十多家旗舰店,2011到2013年,每年还将新建十家这样级别的旗舰店。作

为高端品牌战略的延伸,大杨"创世"还在国内、国外两大市场推出了单量单裁的高级定制业务,现在来自日本、英国和美国等国家的单量单裁订单不断增加,业务发展潜力巨大。

(二)整合社会资源,提高品牌价值

现在,辽宁省服装企业已经可以制造出世界一流的服装。令人遗憾的是,我们服装品牌的品牌价值依然很低。这与省内的服装企业长期为国外做贴牌加工、忽视自主品牌的打造不无关系。那么,如何才能快速地提高辽宁省服装品牌的品牌价值呢? 整合社会资源无疑是一条十分有效的途径。整合社会资源即整合国内、国外两种资源。就辽宁省服装企业而言,整合国内、国外资源不仅可以获得市场认同和营销网络,而且还可以提高设计能力和品牌形象。毋庸置疑,在国际金融危机的背景下,辽宁省服装企业要提高品牌价值,单靠一个企业的力量是远远不够的,而应该站在全球化的高度,有效地整合国内、国外两种资源。

在整合社会资源(特别是利用国外资源)上,中国最大的服装企业"雅戈尔"无疑走在了前头。2008 年伊始,"雅戈尔"完成了中国服装业最大的一次海外收购,其以 1.2 亿美元的价格收购了美国服装巨头KELLWOOD 公司的男装业务。"雅戈尔"这次海外收购,不仅让"雅戈尔"成功地进入了美国市场,而且在国内市场上强化了其高级男装的品牌形象。尤为重要的是,KELLWOOD 公司男装业务的加盟,使"雅戈尔"缩短了打造国际品牌所需要积累人才的时间,加入的设计团队也有助于提升"雅戈尔"的品牌内涵。概括地讲,"雅戈尔"这次海外收购意义深远,它为辽宁乃至中国的服装企业整合社会资源、提高品牌价值提供了一个成功的样板。

(三)突出品牌个性,把握时尚流行

辽宁省服装企业在打造高端服装品牌的时候,面临的最大问题就是如何处理品牌个性和时尚流行的关系。在具体运作中,不少企业要么片面地强调品牌个性,置时尚流行于不顾;要么片面追求时尚流行,忽视了品牌个性的维护。其实,品牌个性与时尚流行之间是既对立又统一的关系。在某种意义上讲,品牌个性代表了传统,意味着距离;时尚流行代表了现代,意味着亲近。实践证明:在打造高端服装品牌上,服装企业既要突出品牌个性,又要把握时尚流行。有国际影响力的高端服装品牌"上海滩"就是这样做的。

高端服装品牌"上海滩",1994年由香港慈善家邓肇坚之孙邓永锵创办,2000年由瑞士历峰集团成功收购。"上海滩"被收购后,历峰集团并未放弃其中国文化的特色和个性,而是在其特色和个性的基础上,加入了许多国际服装的最新元素,由原先的纯粹中式风格转变为中西合璧,既突出品牌个性又把握时尚流行。"上海滩"品牌执行主席雷富逸解释:"我们整个设计团队都把自己看成中国人,我们传播的是中国文化,灵感也源自中国文化,这是我们的特色,也是我们的优势","和以往不同的是,我们现在非常强调品牌的时尚性和可穿着性,'上海滩'不是只能在某些特定的派对上才能出现的着装,而是可以和其他品牌搭配能出现在平常办公室的时装"(张莉,2007)。

(四)实施嫁接营销,让品牌充满活力

所谓嫁接营销是指通过将自己企业的营销活动嫁接在其他企业的营销资源上从而产生出独特的、差异化的、排他的新营销技术,进而获得

营销成果的营销战略（刘德良，2008）。对于辽宁省服装企业来说，避免旧品牌老化、帮助新品牌迅速崛起的一个有效途径便是实施嫁接营销。嫁接营销包括产品元素嫁接、销售渠道嫁接、品牌与广告嫁接、促销活动嫁接以及组合嫁接五种模式。这里，作者重点介绍第四种模式——促销活动嫁接。

促销活动嫁接是指一个企业的产品作为另一企业产品促销的赠品或者抽奖品的嫁接营销合作形式，合作双方都希望能够提高彼此的销售数量，增加消费者的好感，培养消费群体忠诚度和消费习惯。以下是国内高端女装品牌"白领"进行促销嫁接活动的案例。2007 年 6 月 16 日，国内高端女装品牌"白领"牵手国际化妆品品牌"雅诗兰黛"，在北京的庄胜崇光百货新馆三层的白领生活情景方式店，举办了一场独特的九周年庆祝活动。促成这次嫁接营销活动的主要原因是，基于多年的店铺营销经验，白领公司发现，其 VIP 顾客与雅诗兰黛的消费群体有很多相似之处，都是针对高端顾客层，并以中年知识女性为主（刘德良，2008）。白领公司通过与雅诗兰黛的合作，不仅提高了品牌的美誉度，而且增加了品牌的新鲜感。

（五）紧扣行业本质，实行虚拟经营

在 1991 年，美国学者罗杰·内格尔提出一种企业策略，主张以"虚"的业务活动为营运中心，外包"实"的业务活动，借此最大效率地发挥企业有限的资源，他把这个策略称为"虚拟经营"（郎咸平，2007）。

实行虚拟经营首先要分辨不同业务活动的虚实，而分辨虚实的一个有效途径就是其能否紧扣行业的本质——提高时尚体验。就高端服装品牌而言，在提升行业本质——时尚体验中，款式设计、时尚营销尤为重要，而面料做工相对次要。不难发现，款式设计、时尚营销应该归为"虚"

的业务活动,而面料做工则属于"实"的业务活动。譬如,皮尔卡丹、耐克、阿迪达斯等国际知名品牌就是实行虚拟经营的高手。事实告诉我们,紧扣行业本质,实行虚拟经营,辽宁省服装企业才能及时地把握市场的脉搏,并打造出顾客垂青的高端服装品牌。

(六)关注终端细节,发挥口碑威力

打造高端服装品牌,不仅依靠广告的传播,更有赖于终端的精耕细作。终端是顾客与品牌相互接触和交流情感的场所,是产品变为商品最关键的一道龙门。毫不夸张地讲,终端的表现事关一个品牌的成败。终端的表现往往取决于终端的每个细节,比如,灯光、陈列、装饰、服务等。就辽宁省服装企业而言,关注终端的每个细节、营造人性化的时尚氛围,对提升顾客的时尚体验、发挥口碑传播的威力至关重要。

在终端精细化运作上,中国著名休闲服装品牌"美特斯·邦威"堪称一流。"美特斯·邦威"在零售终端上十分关注顾客体验的每个细节,其通过别具匠心的灯光、陈列、装饰、服务等设计,营造出青春、动感的时尚氛围,令众多追求时尚的年轻人流连忘返,并形成强大的口碑传播的效应。当然,"美特斯·邦威"也凭借着这一点在激烈的市场竞争中突围而出,成为休闲服装领域的领军者。

(七)抢占人才高地,兼顾"外部引智"和"内部培养"

打造高端服装品牌,最需要的是高端人才,特别是一线的设计师和国际化的高级营销人才。打造一支专业化、国际化的人才队伍,辽宁省服装企业应走"外部引智"与"内部培养"相结合的路子。"外部引智"就是要摒弃落后的家族管理模式,真正从企业的实际需要出发,面向全球

整合人才资源；同时，还要建立长效的激励机制，让有能力的外部人才真正地留下来并最大限度地发挥作用。"内部培养"就是为企业员工提供内部培训和进修合作的机会，以便使优秀人才迅速成长。具体而言，内部培训就是提高员工的综合素质，并做到学以致用；进修合作就是提高优秀人才的创新能力，让优秀人才学会运用国内外两种资源，以国际化的视野进行合作和开展工作。

总之，就辽宁省服装企业而言，打造高端服装品牌，既是国内消费升级的需要，又是参与国际竞争的需要。在国际金融危机引发全球经济放缓的背景下，辽宁省服装企业要有危机意识、忧患意识、国际视野，坚持正确的发展道路，只有这样才会在未来与中外服装企业的较量中拔得头筹。

第二节　新形势下辽宁百货业的主要问题、发展商机与应对策略

新中国成立六十多年来，特别是改革开放三十多年来，辽宁百货业发生了翻天覆地的变化。总体上讲，辽宁百货业的发展大体经历了五个阶段：第一阶段是摸索前行期（1949—1978 年），第二阶段是茁壮成长期（1978—1999 年），第三阶段是低迷徘徊期（1999—2003 年），第四阶段是战略转型期（2003—2008 年），第五阶段是危机抵御期（2008 年至今）。2008 年 11 月，辽宁百货业遭受了国际金融危机的强烈冲击。2009 年是辽宁百货业积极应对危机的一年。随着辽宁百货业逐渐企稳回升，2010 年开始步入后危机时代。

新形势下，国内学者们对中国及辽宁百货业的问题和对策进行了一些研究。黄国雄（2009）认为，中国百货业应正视金融危机对我们的冲击，这场金融危机是世界性的，虚拟经济的冲击压力大于实体经济的压

力,发达国家冲击压力大于发展中国家的压力,国外的压力大于国内的压力,沿海的压力大于内地的压力,城市的压力大于农村的压力,百货业的压力大于超市和其他业态的压力,高档奢侈品的压力要大于中低档奢侈品;同时,他认为,中国百货业只有不断创新才能走出金融危机的困境。王燕平(2009)认为,中国百货业目前存在规模增长与效益增长脱节、定位趋同、品牌资源不足制约发展、营销手段缺乏创新、资本运营隐含风险、人才短缺矛盾突出等问题;针对上述问题,她提出了打造核心竞争力、把握规模与效益平衡、构建多元化的融资渠道、重视和加强顾客研究、重视人才培养和储备、关注新媒体的发展和应用等对策。然而,目前针对辽宁百货业的研究非常少,迄今只有李艳松曾以"辽宁大型百货集团自有品牌管理的问题与对策"为题进行了研究。李艳松(2008)认为,辽宁百货业在自有品牌管理方面存在商品管理缺乏计划、营销管理过于简单、形象管理有失耐心、组织管理明显滞后等问题;针对上述问题,她提出了强化自有品牌产品管理、完善自有品牌营销管理、加强自有品牌形象管理、专设自有品牌管理部门等对策。

就辽宁百货业而言,在新的形势下,如何解决制约辽宁百货业发展的主要问题、如何把握后危机时代的发展商机、如何制定有效的应对策略是未来较长时期十分关注的课题。本节首先剖析了制约辽宁百货业发展的主要问题,随后对后危机时代下辽宁百货业的发展商机进行了探讨,最后在前面问题剖析、商机探讨的基础上,提出了辽宁百货业今后发展的应对策略。

一、制约辽宁百货业发展的主要问题

近些年来,转型期的辽宁百货业呈现出快速发展的势头,这也掩盖了行业发展存在的诸多问题。只不过,2008 年爆发的国际金融危机让这些问题变得更加突出。倘若这些问题得不到有效的解决,必将掣肘辽

宁百货业的可持续发展。目前,辽宁百货业主要存在以下四个问题。

(一)联营模式导致百货商店核心能力退化

多年来,百货商店的自营比例大大下降,联营模式已经成为辽宁百货业主流的盈利模式。如今,随着商业地产的大量使用,众多百货商店的相继开业,品牌资源的不足使得"千店一面"的现象更加明显,并导致了辽宁百货企业核心能力的萎缩和退化。在商业实践中,招商取代采购成为主要职能,为了吸引有限的知名品牌,辽宁百货企业在与国内外知名品牌的谈判中常常处于不利的地位。

(二)自有品牌商品开发的档次和数量明显不足

放眼国内外,许多知名的百货企业都拥有自有品牌的商品。中国青岛利群集团拥有"利群"牌珠宝、衬衣;北京燕莎友谊商城也注册了"燕莎"商标,并开发了燕莎牌衬衫、箱包等自有品牌商品(李艳松,2008)。美国西尔斯百货 90% 的商品为自有品牌,这已经成为西尔斯百货成功的法宝。反观辽宁,辽宁百货业中除大商集团开发过自有品牌商品外,其他百货企业几乎没开发过任何自有品牌的商品;即便大商集团其自有品牌的商品也存在品种少、附加值低等问题,其自有品牌的商品只集中在纸类、洗涤类、内衣、拖鞋、副食品等少数几个品类上。可见,在自有品牌商品开发的档次和数量上,辽宁百货企业与国内外知名的百货企业相比仍有很大的差距。

（三）百货品牌在不同门店的经营定位不统一

较之超市等零售业态,百货商店更多满足的是消费者个性化的需求。由于地域环境和收入水平的不同,辽宁省各个地区的消费水准和消费档次存在一定的差异。为了适应不同地区的市场环境,辽宁省百货企业有时会根据当地的实际需求去设计商店的经营定位和产品组合。以定位高级百货的友谊商城为例,目前友谊商城在大连就根据商圈消费需求的不同,将所属的四家门店细分为高级百货、中高级百货,甚至在经营困难时,进一步调低了新天地店的经营定位。这种做法无异于饮鸩止渴。原因在于,从长期看,百货企业若不能保持某个百货品牌在不同门店经营定位的一致性,那就很难向消费者传递一致的品牌形象,并在消费者心中形成一致的品牌认同,也很难在企业的市场扩张中发挥更大的品牌延伸效应。

（四）管理人才严重匮乏

造成辽宁百货业管理人才匮乏的主要原因有两个:一是企业扩张速度太快,人才储备不足,出现人才断档的现象。辽宁兴隆大家庭商业集团董事长李维龙先生早就发现,人才匮乏是制约企业发展的关键问题。他曾经说过:"现在我有店有钱,但是人跟不上。比如一个企业需要一个总经理,一个班子需要5—7人、中层干部二三十人,没有三年的时间是培养不出来的"(联商网,2005)。二是管理人员跳槽频繁,造成企业不愿在人才培训上加大投入。正是上述两个原因导致辽宁百货业管理人才的缺口越来越大。

二、后危机时代下辽宁百货业的发展商机

2009 年前九个月,大商集团、辽宁兴隆大家庭商业集团、中兴商业大厦、沈阳商业城、大连友谊集团、卓展时代广场六家大型百货企业(约182 个店)共实现销售额 603.4 亿元,高于 2008 年同期 84.7 亿元,同比增长 16.3%(商务部,2009)。目前,辽宁百货业已经走出国际金融危机的阴霾,开始步入后危机时代的复苏期。在后危机时代,辽宁百货业应该把握哪些发展商机呢?

(一)性价比高的商品将成新宠

后危机时代下,受居民实际收入增速减缓等因素的影响,辽宁省的居民消费会变得更加理性。在这种消费观念的支配下,一般消费者更多购买的是性价比高的商品,而不是纯粹的便宜货。提高商品性价比的途径有很多种,比如,举办一些价格优惠的促销活动,为 VIP 顾客让利,增加产品附加服务,提高服务水平等。毋庸置疑,这些措施对辽宁百货业摆脱国际金融危机的困扰都会起到正面的影响。

(二)二、三线城市潜力很大

随着一线城市百货业的日趋饱和,二、三线城市逐渐成为辽宁百货企业,特别是民营百货企业扩张的热点地区。近些年,辽宁兴隆大家庭商业集团、大商集团等百货企业均将目光投向二、三线城市。以辽宁兴隆大家庭商业集团为例,其在盘锦市的盘锦兴隆大厦一个单体商场,2004 年的销售额就突破七亿元;另外,其在盘锦大洼县的兴隆三百,2005 年开业当天就销售 110 万元,十天卖了五百多万元,同样取得了巨大的成功(联商网,2005)。目前,辽宁省仍有许多二、三线城市亟待开发。在后危机时代,二、三线城市必将成为辽宁百货企业未来扩张的下一个金矿。

(三)网店销售异军突起

淘宝网 2007 年完成了 433 亿元的成交额,大约是零售巨头沃尔玛在华销售额的三倍,实现了 156% 的增长率;2008 年,淘宝网年交易额为 999.6 亿元,与 2007 年的 433 亿元比较,同比增长了 131%;2009 年,淘宝网年交易额为 2000 亿元,同比增长了 100%。可见,在后危机时代,辽宁百货企业开办自己的网店是大势所趋。"实体店 + 网店"的盈利模式不仅可以发挥实体店在品牌和物流上的优势,而且可以突破实体店在时间和空间上的局限。近年来,大商集团斥资一亿多元打造了自己的网上百货商城——"大商网"。2009 年,"大商网"正式运营十多天,点击量突破百万、成交额日增九倍,取得了令人满意的开门红(孙霞,2009)。

(四)百货连锁势头不减

百货连锁能够复制成功的商业模式,有利于提高工作效率和经济效益,代表了百货业的发展方向。从整个行业看,百货连锁仍然势头不减。《中国连锁零售企业经营状况分析报告(2008—2009)》显示:国内百货企业面对 2008 年下半年经济回落、市场不振的压力,其通过加大促销力度、及时调整商品结构等措施,依然保持了较好的经营业绩,以 10% 的门店增幅带来 21% 的销售增长(中国连锁协会,2009)。事实上,辽宁的一些百货企业,如大商集团、辽宁兴隆大家庭商业集团等,目前走的就是连锁发展的路子。

三、后危机时代下辽宁百货业发展的应对策略

通过探析制约辽宁百货业发展的主要问题,以及后危机时代下辽宁百货业的发展商机,本书提出了后危机时代下辽宁百货业发展的应对策略。

(一)提高百货企业的创新能力

在后危机时代,要突破发展的"瓶颈",辽宁百货业离不开三个方面的创新。一是观念的创新。俗话说:"思路决定出路,出路决定活路。"没有好的观念,自然不会有好的活路。对辽宁百货业来说,适时地调整和创新观念十分重要。二是经营模式的创新。在经营模式上,辽宁的百货商店大都采取的是联营模式,自营比例很少。这说明辽宁百货业在经营模式的创新上还有许多工作要做,包括提高自有品牌商品的档次和数量、买断品牌经营、培养自己的买手等。三是管理体制的创新。与小型百货企业相比,大型百货企业的管理体制是不一样的。大商集团摒弃了三级管理的体制,实行了扁平化的母子公司二级管理的体制,150 多家百货商店直接隶属于公司总部,有效地解决了三级管理体制下公司总部无法管理到底的问题。

(二)走跨区域多品牌连锁的路子

由于地域的不同,各地的消费水准和消费档次差异很大,消费者的品牌认知也存在一定差异。在一个地区能够立足的百货品牌,在另一地区未必能够立足。为了能够立足,一些百货企业会依据当地的实际需求,调整某个百货品牌的经营定位。这对一个单体店也许是好的,但是对这个百货品牌而言无异于慢性自杀。因为这个百货品牌在连锁发展时不能保持经营定位的一致性,便难以在消费者心中形成一致的品牌认同,规模优势更无从谈起。大商集团已经认识到了单一品牌连锁经营的弊端,在进行收购和建新店时,会根据不同地域的实际情况,采用不同的百货品牌,在一线城市选择高档型的麦凯乐,在二、三线城市选择时尚型的新玛特或前卫型的千盛百货(见表4-3),从而保证大商集团不同品牌经营定位的一致性,为大商集团跨区域稳步扩张打下了坚实的基础。

表4-3　大商集团的连锁百货品牌

百货品牌	类型	目标年龄	价值观	收入水平
麦凯乐	高档型	35—50岁	独立/自信/追求卓越	收入可观
新玛特	时尚型	20—35岁	富有个性/活跃/品位	充裕
千盛百货	前卫型	18—30岁	青春/自我/张扬	当地中等

资料来源:陈文、文达:《论大商集团的细分市场战略》,《今日南国》2008年第7期,第107页。

(三)打造自己的网上百货商城

在后危机时代,辽宁百货企业打造自己的网上百货商城,已经成为其保有长期竞争优势的必要选择。就辽宁百货企业而言,打造成功的网上百货商城需要具备四个条件:一是诚信的企业品牌,即百货企业有很好的品牌声誉;二是夯实的物流体系,即百货企业有大量的实体店做依托;三是广泛的商品资源,即百货企业有庞大的供货商队伍;四是良好的服务质量,即送货、售后服务等要及时。从长期看,辽宁百货企业只有打造出成功的网上百货商城,才能真正突破发展的"瓶颈",网罗更多的新生代顾客。

(四)加强顾客关系管理

多项研究表明:吸引新顾客要比保持老顾客花费更高的成本。在后危机时代,加强顾客关系管理,保持老顾客、提高顾客的忠诚度变得更加重要。在顾客关系管理上,会员制是辽宁百货企业使用比较多的工具。但是,在实际运作中,以前会员制仍存在服务趋同、VIP 门槛低等问题。因此,就辽宁百货企业而言,在会员制的运作中应做好以下四点:一是加强会员卡的推广力度,增大会员顾客的比重;二是拉开 VIP 会员与普通会员的档次,提升高端顾客的尊贵感;三是加大会员资料挖掘的力度,为各类顾客提供性价比高的商品和服务;四是做好会员资料的后期维护,及时更新会员的相关信息。

(五)注重管理人才的培养

长期以来,管理人才匮乏一直制约着辽宁百货业的快速发展。实践证明:解决人才问题,有几个空降兵是不够的,辽宁百货企业必须有自己培养的管理人才。因为自己培养的管理人才更认同企业文化,更有利于辽宁百货企业的长远发展。在管理人才的培养上,辽宁百货企业可采取以下具体措施:一是建立规范化的大学生引进培养制度;二是加强与高校、培训机构的长期合作,对企业员工进行全方位的专业培训;三是有条件的可以建立企业商学院,自主培养管理人才和后备人才。

总而言之,后危机时代是机遇和挑战并存的时代,辽宁百货业只有不断地提高百货企业的创新能力、走跨区域多品牌连锁的路子、打造自己的网上百货商城、加强顾客关系管理、注重管理人才的培养,才能抓住新形势下发展的机遇并在辽宁乃至全国经济的振兴中发挥领军者的作用。

第三节 辽宁省电影放映业市场现状和主要问题分析

本节重点剖析的是辽宁省电影放映业的市场现状及其存在的主要问题。其中,辽宁省电影放映业的市场现状主要包括:辽宁省城市院线电影市场的票房、观众和放映场次,辽宁省城市电影院线票房和市场份额,以及辽宁电影市场院线票房分档结构这三个方面。

一、辽宁省城市院线电影市场的票房、观众和放映场次

2007 年,辽宁省城市电影市场的票房高达10,976万元,票房突破了1 亿元大关,较上年提高 30.17%;2007 年观众人次达 518 万人次,较上年提高 9.28%;2007 年放映场次达 167 千场,较上年提高 7.05%。另外,2007 年平均票价 21.19 元,2006 年平均票价 17.79 元,票价上涨 3.4元。

(一)2006—2007 年辽宁省城市院线电影市场票房

2006—2007 年辽宁省城市院线电影市场票房状况如下:2006 年、2007 年辽宁省城市院线电影市场票房分别为8,432万元、10,976万元。具体情况如图 4-2 所示。

(二)2006—2007 年辽宁城市院线电影市场观众人次和放映场次

2006—2007 年辽宁城市院线电影市场观众人次和放映场次如下:2006 年、2007 年辽宁城市院线电影市场观众人次分别为 474 万人次、

图 4 -2　2006—2007 年辽宁省城市院线电影市场票房

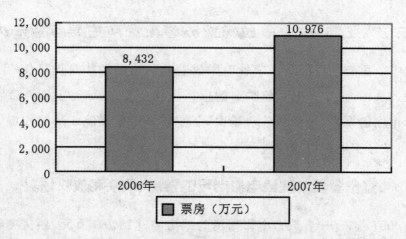

资料来源：杨步亭：《2007 中国电影市场报告》，内部资料，中国电影发行放映协会，2008 年，第 95 页。

518 万人次，2006 年、2007 年辽宁城市院线电影市场放映场次分别为 156 千场、167 千场。具体情况如图 4 - 3 所示。

二、辽宁省城市电影院线票房和市场份额

　　辽宁省电影市场分布着北京新影联、万达院线、辽宁北方、上海联和和华夏新华大地五条院线。这五条院线的票房和市场份额的详细情况参见图 4 - 4。

　　显而易见，2007 年北京新影联在辽宁院线电影市场具有绝对控制权，占有主要的市场份额。目前，北京新影联在辽宁省分布着 16 家影院、78 个厅，2007 年产生票房 8,132 万元，占辽宁院线票房的 74.09%，占本院线票房的 23.03%。

图 4 -3 2006—2007 年辽宁城市院线电影市场观众人次和放映场次

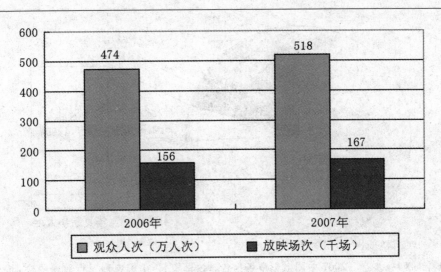

资料来源:杨步亭:《2007 中国电影市场报告》,内部资料,中国电影发行放映协会,2008年,第 95 页。

万达院线在辽宁省拥有 1 家影院、8 个厅,2007 年产生票房1,590 万元,占辽宁院线票房的 14.49%,占本院线票房的 5.29%。

上海联和院线在辽宁省拥有 1 家影院、6 个厅,2007 年产生票房527 万元,占辽宁院线票房的 4.80%,占本院线票房的 1.45%。2007年,华夏新华大地院线在辽宁省产生票房 57 万元,占辽宁院线票房的0.52%。

2007 年,辽宁北方院线在辽宁省产生票房 670 万元,占辽宁院线票房的 6.10%。

辽宁北方院线于 2007 年底重组,除了本院线新组建的 21 家影院外,计划整合山东省内院线影院。辽宁北方重组后,在 2008 年 2 月院线排行就进入了前十名,排名第九位。院线之间的重组将会改变辽宁省和山东省电影市场的票房格局,也将推动院线制的进一步发展。

图 4 -4　2007 年辽宁城市电影院线票房(万元)和市场份额

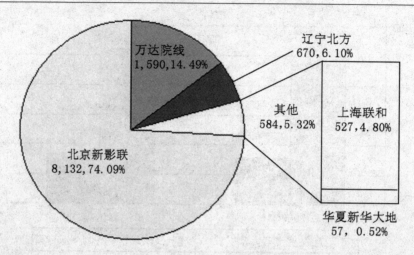

资料来源:杨步亭:《2007 中国电影市场报告》,内部资料,中国电影发行放映协会,2008年,第 96 页。

三、辽宁电影市场院线影院票房分档结构

　　辽宁省电影市场现有 41 家影院,164 块银幕,38,970 个座位,每家影院平均拥有 4 块银幕。其中,10 厅以上的影院 2 家,占总影院数的4.88%;3 至 9 厅的影院 22 家,占总影院数的 53.66%,2 厅和单厅影院17 家,占总影院数的 41.46%。

　　由表 4 - 4 可知,辽宁电影市场 2007 年票房1,000 万—2,000 万元的影院 5 家,合计票房占全国影院同档次票房的 10.72%。其中,大连奥纳影城 10 个厅,票房1,995 万元,较上年提高了 39.51%;大连万达国际电影城 8 个厅,票房1,590 万元,较上年提高了 40.83%;大连影城 8 个厅,票房1,435 万元,较上年提高了 25.33%。沈阳光陆电影院 14 个厅,票房1,250 万元,较上年提高了 32.56%;沈阳新东北影城 4 个厅,票房

1,042万元,较上年提高了31.40%。和同类影院相比,这5家影院依然有较大的票房上升空间。

表4-4　2007年辽宁电影市场院线影院票房分档结构

票房分档	影院数	票房(万元)	占辽宁院线票房	
			比例%	累计比例%
票房1,000万—2,000万元	5	7,314	66.64	66.64
500万—1,000万元	2	1,291	11.76	78.40
100万—500万元	8	1,963	17.88	96.28
票房100万元以下	26	408	3.72	100
合计	41	10,976	100	

资料来源:杨步亭:《2007中国电影市场报告》,内部资料,中国电影发行放映协会,2008年,第97页。

2007年票房500万—1,000万元的影院2家,合计票房占全国影院同档次票房的2.45%。票房500万元以下的影院34家,合计票房占全国影院同档次票房的3.07%。

四、辽宁省电影放映业存在的主要问题

概括起来讲,辽宁省电影放映业存在以下四个方面的问题。

(一)观念和机制落后

辽宁省市、县电影院的条块分割、各自为政的现象依然严重,区域的自我保护和垄断意识严重地阻碍了电影市场机制的建立。目前,不少院线公司的成立只是按行政指令行事,而非竞争的结果,缺乏市场的历练。其松散、脆弱的业务关系难以应对日益激烈的市场竞争,严重制约了辽

宁电影放映业的快速扩张和长远发展。

(二)电影票价偏高

在辽宁电影市场,2007 年平均票价 21.19 元,2006 年平均票价 17.79元,票价上涨 3.4 元,上涨了近 20%。票价的上涨幅度远远超过了观众人数和放映场次的增幅(9.28%和 7.05%)。可见,票价偏高是一个不容忽视的问题。据悉,美国人均观看电影次数已经达到5—7 次/年,韩国人均观看电影次数达到 2—3 次/年,而我国人均观看电影 4—5 年才一次。毋庸置疑,票价偏高的结果只会将一些想看电影的顾客阻挡在电影院的大门之外,此种现象非常不利于辽宁省电影市场的培育和健康发展。

(三)影院建设滞后

近年来,辽宁省电影院的现代化建设已经取得了不错的成果。但是,与人们日益增长的文化需求相比,辽宁省电影院的硬件和软件设施依然相对比较滞后。就银幕数量而言,辽宁省的 41 家电影院,每家电影院平均仅拥有 4 块银幕。其中,10 厅以上的影院仅 2 家,占总影院数的 4.88%;2 厅和单厅影院多达 17 家,占总影院数的 41.46%,接近一半。同时,影院建设严重失衡,10 厅以上影院只集中在大连、沈阳两大城市,2 厅和单厅影院大多集中在中小城市。从国际的经验看,电影院的多厅化、休闲化、数字化是大势所趋。美国现阶段电影院的适宜规模是 12—16 厅,所以辽宁省在影院建设上仍有广阔的发展空间。

(四)电影人才匮乏

辽宁省电影放映业的发展需要各种专业人才,比如,经营管理人才、广告策划人才、数字技术人才等。目前,辽宁省电影放映业这些专业人才仍相当匮乏。从年龄和知识结构上看,不少电影放映企业(特别是老的国有电影院),存在着职工平均年龄偏大、知识结构老化等问题,放映企业急需具有市场意识和专业知识的青年电影人才。

当前中国电影放映业正经历着一场数字革命,数字技术对于流通方式、经营和消费观念等都带来了深刻的变革。就辽宁而言,高科技已经进入电影放映业。目前,其硬件采购比较容易,而拥有能够有效使用硬件并形成生产力的人才比较难。辽宁省电影放映业必须高度重视电影领域人才匮乏、人才素质不高和知识结构老化等问题,切实加强人才培养和队伍建设,大力实施人才培养工程,建立健全人才培养机制,营造青年优秀人才脱颖而出的良好环境,推动辽宁电影市场持续繁荣和发展。

电影业是一个没有天花板的产业。从趋势上看,中国电影业的发展空间巨大。辽宁电影放映业应始终坚持与时俱进的观念,充分认清自己在中国电影业中所处的地位和扮演的角色,准确把握辽宁省电影放映业的市场现状,尽早解决制约辽宁电影放映业发展的主要问题,不断提升其电影院线的实力和规模,在条件成熟的情况下鼓励电影院线向电影业的高端领域延伸,打造若干有影响力的制片公司和发行公司。

第四节　透过"名牌荒"现象看东北实施名牌战略的现实价值

本节透过东北"名牌荒"现象的来历,剖析了东北"名牌荒"现象背后

的原因,指出了东北实施名牌战略的现实价值。

一、东北"名牌荒"现象的来历

名牌是一项巨大的无形资产,在国内外市场竞争中至关重要。大量实践证明:哪个地区的名牌产品、名牌企业越多,哪个地区的经济就越具有竞争力和发展后劲。在"名牌通吃"的时代背景下,中国一些经济发达省份(如广东、浙江和山东等)都纷纷打造各自地区的名牌产品和名牌企业。反观东北三省,这些年来,除了一些哈尔滨的药品、营口的盼盼防盗门、沈阳的东软集团外,东北确实很难找到在中国有影响力的名牌产品和名牌企业了。2004 年"两会"期间,有的媒体甚至惊呼:东北进入了一个"名牌荒"时代。

根据 2001 年至 2003 年间中国名牌战略推进委员会评出的 57 个行业 333 个中国名牌产品进行统计分析,从目前中国名牌产品数量分布上的统计来看,统计结果基本上反映出这些行业中的优秀分子在中国的大致情况。具体统计结果如下(见表 4-5、表 4-6):广东、浙江、山东分别以 58 个、50 个、40 个名牌产品数量位居前三名,前三名的数量加起来是 148 个,占总量的 44.4%;而黑龙江、辽宁、吉林分别只有 6 个、5 个、1 个(东北三省名牌产品总数量 12 个,仅占全国总量的 3.6%),从数量上远远低于广东、浙江、山东三个省份。通过上述中国名牌产品数量对比,使我们清醒地认识到东北各省与发达省份之间的巨大差距,进一步印证了东北"名牌荒"现象的出现绝非是空穴来风、耸人听闻。

表 4-5 2001 年至 2003 年间六个省份中国名牌产品的数量分布情况

省 份	广东	浙江	山东	黑龙江	辽宁	吉林
名牌产品数量(个)	58	50	40	6	5	1

资料来源:根据中国名牌战略推进委员会资料整理。

表 4 - 6　2001 年至 2003 年间东北地区中国名牌产品的具体情况

省份＼名牌	产品类别	企业名称	注册商标
黑龙江	啤　酒	哈尔滨啤酒有限公司	哈尔滨
	乳　粉	黑龙江龙江乳业科技有限公司	龙　丹
	乳　粉	黑龙江完达山乳业股份有限公司	完达山
	乳　粉	哈尔滨金星乳业集团公司	金　星
	润滑油	中国石油天然气股份有限公司大庆润滑油一厂	大　庆
	电度表	哈尔滨电表仪器股份有限公司	哈　仪
辽　宁	味　精	沈阳红梅企业集团有限责任公司	红　梅
	啤　酒	华润啤酒有限公司	雪花 snow
	纯　碱	大化集团有限责任公司	工　联
	男士服套装	大杨集团有限责任公司	创　世
	润滑油	中国石油天然气股份有限公司大连润滑油厂	七　星
吉　林	葡萄酒	通化葡萄酒股份有限公司	通　化

资料来源:根据中国名牌战略推进委员会资料整理。

二、东北"名牌荒"现象背后的原因

在说明了东北"名牌荒"现象的来历的基础上,本书对东北"名牌荒"现象背后的原因进行了剖析,具体原因如下。

(一)产业结构不合理:重工业过重,轻工业过轻

东北为重工业地区,重工业比重过大。大量资金被一些旧的、效益差的重工业项目所挤占,许多新的、效益好的轻工业项目因资金投入匮乏陷入了长不大的怪圈,严重阻碍了轻工业的快速发展。三届中国名牌评比侧重于轻工类产品的实情,一定程度上昭示了东北三省在产业结构布局中的差距与不足。

(二)所有制结构不合理：国有企业过多，民营企业过少

东北国有企业由于所有者缺位、激励机制不足等原因，很难保证企业名牌战略的长期化和制度化。另外，民营企业因其在地区经济上的辅助地位，使得其在政府相关政策上得不到与国有企业同等的地位，名牌之路举步维艰。

(三)政府职能上的错位：政府过强，企业过弱

一些政府部门利用其"强势"地位直接干预经济、管制企业，导致企业不能按照自己的意愿发展而陷入尴尬境地。90年代末期，辽宁曾进行了大规模的企业组织结构调整，组建了六十多家大型企业集团，试图通过"强强联合"、"造大船"来增强企业竞争力，期望这些企业成为辽宁经济增长的基础。但运行几年后效果并不理想。根本原因就在于政府违背企业意愿搞"拉郎配"，扼杀了企业自身的发展冲动。

(四)低度的市场化程度：市场化程度过低，交易成本过高

表面上，东北已经与全国一样实现了市场化，但实质上，由非市场行为造成的低度的市场化现象十分严重：政府以其部门利益向企业"寻租"，最终导致企业的利润中饱私囊，其结果不仅滋生腐败、加重企业的负担，更重要的是它必然向企业提供保护，使市场被分割，低效的企业得以保护，社会生产成本普遍提高，地区竞争力下降。试想一下：一个缺乏竞争的、低度化的市场能够培育出一批有影响力的名牌产品和名牌企业么？

（五）企业品牌意识淡薄：守业意识过浓，创新意识过淡

东北企业因长期受计划经济思维的约束，缺乏忧患意识、创新意识，小富即安、守业的思想十分严重；缺乏继续向外扩张，继续做大企业、做大品牌的决心。一些企业在取得省市名牌产品称号后，往往不思进取，产品质量逐年下滑，市场逐步萎缩；有的甚至利用名牌产品做幌子，采取"萝卜快了不洗泥"的办法，抓产量轻质量，搞短期行为；还有的企业创下地方名牌产品后，再也不想让这份宝贵的无形资产增值，老是自负地认为"酒香不怕巷子深"，花一分钱做广告宣传都心疼，对同行企业做大做强更是不屑一顾，可自己却捧着金碗要饭吃。

三、东北实施名牌战略的现实价值

大体上讲，东北实施名牌战略的现实价值主要体现在以下三个方面。

（一）融入世界经济需要实施名牌战略

面对世界经济一体化，东北参与国际竞争与合作，靠什么？一靠比较优势，比如，东北可以利用原有的在装备制造业上的优势；二靠名牌战略，即培育和创立知名品牌。在国际竞争与合作中，有了自己的知名品牌，无疑就掌握了主动权；没有自己的知名品牌，只能沦为外国知名品牌的"打工仔"。例如，我们出口到美国的皮衣很多，但是若不注意，很容易又错把它当成美国货买回来了，因为牌子是外国的。我们国内厂商卖给国外经销商，平均每件是 80 美元，他们挂上自己的品牌再出售，平均每件是 400 美元；而 TCL 公司之所以能够完成一连串的跨国并购，靠的就是 TCL 这张王牌。

(二)振兴东北经济需要实施名牌战略

具体地讲,名牌战略对东北经济的振兴主要表现在以下两点。

1.对内可以优化东北地区的产业结构,促进资源的优化配置

由于东北地区产业结构趋同性,再加上工业项目的重复建设,造成东北地区资源的严重浪费,从而影响东北经济的进一步发展。解决地区经济趋同化问题的一条十分有效的途径就是实施名牌战略。广东省在这方面成功的先例值得借鉴。由于历史原因,广东的工业基础并不好,进入80年代后,广东率先发展市场经济,名牌意识先行觉醒,一批知名品牌先后从广东走向全国,使广东成为全国名牌重要产区(三届中国名牌评比广东以58个名牌高居榜首),地区资源依据市场向名牌企业集中,使得地区产业结构迅速优化,从而带动了广东经济的强劲发展。

2.对外可以提高东北地区的知名度,并吸引大量国内、国外的投资

名牌战略可以提升东北地区的实力,名牌战略可以提升东北地区的形象。名牌形成后,它的信誉度、美誉度、知名度,不仅传播了企业名声,而且宣传了东北地区的形象,提高了东北地区的知名度,有利于吸引国内外投资者的目光。东软集团(原名东大阿尔派)在软件业的成名不仅宣传了东软集团,也使人们更多地提及辽宁省,使人们了解了沈阳市乃至东北大学,使人们更多地关注这一地区。从1998年上海宝钢公司注资2.4亿元成为东软集团的最大股东,到2001年东软与国际软件巨头CA携手,无疑就是例证。

(三)提高东北企业竞争力需要实施名牌战略

从东北企业的产品现状来看,一方面,许多企业的产品面貌趋同、个

性差异小、提供的服务高度雷同化;另一方面,由于细分与文化差异的伸展性差等原因,导致竞争尖锐化、白热化,导致生存空间、发展空间、市场空间渐趋狭窄。"南货"、"广货"一度在东北的盛行就是一例。同国外企业和南方企业相比,东北企业的竞争力不是在上升,而是在降低。对东北企业(无论大企业还是中小企业)而言,实施名牌战略的现实价值就在于东北企业以品牌为旗,提高企业的综合实力,即产品质量、服务质量、创新能力、管理能力和市场营销能力等,最终重拾"河山",赢向未来。

四、东北实施名牌战略的两大指导思想

在实施名牌战略上,东北三省的政府和企业应始终坚持两大指导思想,一是要坚持"以我为主"的指导思想,二是要坚持"权变务实"的指导思想。

(一)要坚持"以我为主"的指导思想

如果说"非典"期间外资下降的现象从一个层面显示了振兴当地经济还要靠当地企业这个事实的话,那么大连市的外向经济模式(以城市经营吸引外资)与青岛市的名牌经济模式(靠名牌企业带动经济)的前后实力对比(见表4-7),从另一个层面昭示了名牌发展对一个地区经济增

表4-7 1999年至2003年大连市、青岛市国内生产总值(GDP)比较

城 市	国内生产总值 (亿元)				
	1999年	2000年	2001年	2002年	2003年
大连	1,003	1,110	1,235	1,406	1,632
青岛	992	1,151	1,316	1,518	1,780

资料来源:根据大连市和青岛市统计局统计数据整理。

长的现实意义。当然,名牌的创立非一日之功,名牌的出现也绝非偶然。它的频繁出现从某个角度折射出一个地区实施名牌战略的恒心,更折射出一个地区在优化市场环境方面所做出的不懈努力。鉴于此,东北三省的政府和企业还应继续做好以下三个方面的工作。

1.政府应发挥比较优势,加强宏观政策引导

一方面,政府要立足当地实际,按照比较优势确立重点产品和支柱产业;另一方面,政府应加强宏观政策引导,培育新兴行业、民营企业,让企业从更高的高度和更宽的视角来制定名牌战略。

2.政府应淡化扶持,强化服务,改善市场环境

政府对名牌的支持和保护不是减税让利,更不是采取地方保护政策,而是强化服务职能,营造一个公开、公平、公正的市场环境,以及完善法纪,保护名牌的商誉和利益不受侵犯。

3.企业应一手抓专业,一手抓品牌

名牌的创立,外因是政府,内因是企业。一方面,一个企业要立足本业,力争在专业领域上做深、做精、做细、做透;另一方面,一个企业要搞品牌经营,强化质量意识、创新意识、服务意识和市场营销意识。黑龙江完达山乳业股份有限公司在乳粉领域的成功案例无疑就是最好的说明。

(二)要坚持"权变务实"的指导思想

在实施名牌战略上,东北三省的政府和企业既要懂得"引进来"(引入名牌),又要懂得"走出去"(名牌扩张)。

1.懂得"引进来"

具体地讲,就是通过营造高度市场化的投资环境,吸引中外知名企业到东北投资,并做大、做响这些知名企业和知名产品。这些名牌的引入必将促进东北地区的产品升级。天津市开发区就是通过营造投资环境,吸引外资,做大做响"摩托罗拉"、"三星"和"康师傅"这些知名品牌的。

2.懂得"走出去"

具体地讲,就是指东北有一定实力的企业,应利用其知名品牌的强势地位,通过企业兼并、收购、联合等方式进行跨地区、跨行业和跨国界的产权交易、企业重组,实现低成本的品牌扩张。大连万达集团商业地产项目在长春、长沙、南昌、青岛、济南、南京、天津、沈阳、上海、大连、哈尔滨、西安等城市的成功运作可谓东北企业"走出去"(品牌扩张)的成功范例。

概言之,东北的名牌战略不是一蹴而就的,东北的真正崛起尚需时日。东北三省的政府和企业要有危机意识、忧患意识、超前意识、大局意识,"知耻而后勇",东北"名牌荒"现象的警示意义正在于此。

第五节　大连西岗区胜利桥北农贸市场的投资可行性研究

大连西岗区胜利桥北农贸市场(简称胜利桥北农贸市场)的投资可行性研究包括四个部分:第一部分是胜利桥北农贸市场的概况,第二部分是关于胜利桥北农贸市场的市场分析,第三部分是关于胜利桥北农贸市场的投资分析,第四部分是关于胜利桥北农贸市场的最终结论和对策建议。

一、胜利桥北农贸市场的概况

下面从名称、地址、建筑面积和卖场规划四个方面来概要介绍胜利桥北农贸市场的情况。

(1)名称

大连西岗区胜利桥北农贸市场(暂定名,建成未营业)。

(2)地址

大连市西岗区胜利桥北端（上海路 65 号），胜利酒店后身楼的地下一层内。

(3)建筑面积

建筑面积:3,188.80m²，营业面积:2,903.93m²。

(4)卖场规划

A 水产品一区　 （38 个摊位），每个摊位面积:4m²；

B 水产品二区　 （34 个摊位），每个摊位面积:4m²；

C 蔬菜、水果区 （72 个摊位），每个摊位面积:2m²；

D 肉类专区　　 （52 个摊位），每个摊位面积:4m²；

E 蛋类专区　　 （16 个摊位），每个摊位面积:2m²；

F 食品专区　　 （34 个摊位），每个摊位面积:3m²；

G 干调、粮油区 （65 个摊位）

其中:干调　　 （28 个摊位），每个摊位面积:3m²；

　　　粮油　　 （29 个摊位），每个摊位面积:3m²；

　　　加工间　 （ 8 个摊位），每个摊位面积:4m²；

H 服装专区　　 （56 个摊位），每个摊位面积:3m²；

I 批发专区　　 （35 个摊位），每个摊位面积:4m²；

总摊位数:　　　 402 个，　　　 摊位总面积:1,353m²。

二、关于胜利桥北农贸市场的市场分析

关于胜利桥北农贸市场的市场分析部分涉及七个方面的内容，它们依次是地域状况、人口结构、收入水平、消费需求、总体客流情况、竞争对手分析、胜利桥北农贸市场的优劣势分析。

(一)地域状况

大连西岗区胜利桥北农贸市场在大连市西岗区民乐街道辖区内,该辖区地处西岗区最东端,北靠黑嘴子码头,南与繁华的天津街一桥之隔,东接客轮穿梭的大连港,西与全市最大的果品蔬菜批发市场(即大菜市)毗邻。国内外著名的大连造船厂、闻名遐迩的俄罗斯风情一条街、主宰大连铁路运输的大连铁道有限责任公司各分支机构、全市最大的水产品交易市场、全国双拥共建先进单位——中国人民解放军91480部队等十几个单位坐落在本辖区内,宽阔的疏港路穿越其间,地理位置相当优越,总面积1.25平方公里。

(二)人口结构

胜利桥北农贸市场在民乐街道辖区内,民乐街道的人口结构可从人口分布、人口构成两个方面进行分析。

1.人口分布

民乐街道辖区拥有居民8,153户,人口近2.1万人,下设四个社区:民乐社区、曙光社区、北海社区、团结社区。

(1)民乐社区

民乐社区位于民乐街道东部,辖区面积0.25平方公里,拥有居民楼32栋,居民1,971户,人口5,741人。

(2)曙光社区

曙光社区坐落于胜利桥北,上海路以东,民乐街以西,滨海街以南。占地面积约0.4平方公里。有楼房32栋,平房60栋。总户数1,700户,总人口为4,300人左右。辖区有残疾人25名,53个特困户,下岗失业人员 290 人。

(3)北海社区

北海社区位于民乐街之北部,东起上海路,西与菜市街接壤,南接先进街,北濒临大海,面积 0.4 平方公里,居民 2,578 户,人口 5,753 人。辖区有残疾人 61 人,下岗失业人员 602 人,享受社会保障 78 户,育龄妇女 1,155 人,学龄前儿童 529 人,60 岁以上老人 836 人,孤寡老人 75 人,优抚对象 12 人。

(4)团结社区

团结社区内拥有大连市闻名的俄罗斯风情一条街和大连艺术展览馆,有居民 1,904 户,5,195 人。面积 0.2 平方公里。

2.人口构成

民乐街道辖区内人口近 2.1 万人,按职工工作单位划分:铁路职工及家属占 60%,造船厂职工及家属占 20%,其他职工(包括外来人口)占20%。人口构成比例详见图 4-5。其中,60 岁以上的老人占 32%(以北海社区为例)。

图 4-5　人口构成比例

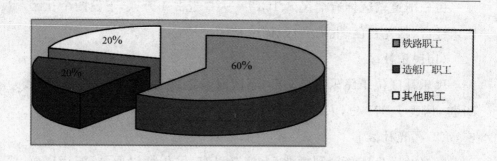

（三）收入水平

因民乐街道辖区内的居民大都是铁路和造船厂职工，总的说来，收入比较稳定（双职工每月合计 1,700 元左右），户均 2.6 人，人均收入约 653 元，比大连市人均收入（2003 年，大连人均收入 666 元）低 13 元。辖区内居民收入水平在大连市属中等偏下的水平。

（四）消费需求

在消费品的需求方面，因为民乐街道辖区内的居民收入情况在大连市属中等偏下的水平，所以辖区内居民在日常消费上显示出大众化的购买倾向。

1.购买行为

辖区居民购买行为比较理性，更看重商品的物美价廉，比较关注商品的价格和实惠。

2.购买决策

与全市一样，辖区居民年龄呈现出老龄化的趋势。辖区居民的老年人占 1/3 以上，老年人一般负责家庭日常消费品的采购，由于以前经历过苦日子等原因，所以其在购买决策上看重经验、比较务实。

3.购买条件

辖区居民对购买消费品的便利条件要求较高，要求卖场最好离家较近，要求卖场最好能提供其所需的全部商品。通常情况下，地上卖场比地下卖场、室外卖场比室内卖场优势更大。

（五）总体客流情况

下面将分别介绍胜利桥北农贸市场附近的主要企业客流、公共交通客流和步行客流量的相关信息,并基于此,作者还将得出该农贸市场总体客流情况的分析结论。

1.主要企业客流

(1)大连造船重工有限责任公司(西岗区沿海街1号)

该公司现有职工6,000余人。厂区共有7个大门,其中托儿所门(创造街)和西门(北海街)可分别通过胜利街和上海路经过胜利桥。其中,半数职工下班要经过这两个门。下班时间为17:00。

(2)中国水产大连渔轮公司(西岗区滨海街6号)

该公司现有职工2,000余人。厂区只有一个正门,可过铁路天桥→上海路→胜利桥。下班时间为17:00。但职工下班一般坐403路、706路、远大客运等公交车直接回家。

(3)大连铁路有限责任公司

①大连铁路锅炉安装工程公司(创造街);

②大连铁路职工培训学校(胜利街);

③大连铁路房产建筑段修缮公司(胜利街);

④大连铁路机务段(胜利街);

⑤大连铁路工务段(胜利酒店);

⑥沈阳铁路局客运公司大连分公司(胜利街大菜市方向)。

(4)黑嘴子码头(西岗区滨海街8号)

该公司现有职工600余人。其中,400余人倒班;其他200余人在机关科室工作,并正常上下班,下班时间为17:00。

(5)辽宁海运公司(大连渔轮公司旁)

该公司现有职工100余人,职工坐班车上下班。

2.公共交通客流

共有403路、706路、远大客运等公交车路过胜利桥北农贸市场。

(1)403路

北海街→胜利桥→中山广场→武汉街→七七街→中医院→青云街→桃源桥→秀月街→解放路→老虎滩→武警医院→景山小区。

（2）706 路

三八广场→中山广场→天津街→北海街→菜市街→兴业街→双兴街→北岗桥→新开路→市政府→长春路→高尔基路→白云山→北石道街→南石道街→南石道小学→林茂街。

（3）远大客运

胜利桥北→南关岭镇。

正常情况下，各路公交车一般平均五分钟路过一次。

3.步行客流量

步行顾客的客流情况详见表 4-8。

表 4-8　街道(路)步行客流量

步行客流量 街道／路	上午(8:40—9:40)		下班时间(16:30—17:30)	
	每分钟客流量	客流总量	每分钟客流量	客流总量
胜利桥 （胜利酒店附近）	41人/分钟	2,460人	39人/分钟	2,340人
胜利街 （往大菜市方向）	23人/分钟	1,380人	19人/分钟	1,140人
上海路 （胜利酒店附近）	16人/分钟	960人	18人/分钟	1,080人
胜利街 （胜利酒店附近）	14人/分钟	840人	20人/分钟	1,200人

4.分析结论

（1）就胜利桥北农贸市场而言，企业客流以造船厂和铁路客流为主，其他企业客流很少有流动到胜利桥桥头的（一般都直接坐公共汽车回家）。

(2)靠近胜利桥北的各大路口,下班客流量一般高于上午客流量。但是胜利桥(胜利桥北靠近胜利酒店)的下班客流量则小于上午客流量,因为上午有不少顾客到大菜市买菜,而下班时间很少有买菜的。

(六)竞争对手分析

胜利桥北农贸市场的竞争对手分析由竞争对手的地域分布、周边竞争对手的情况、周边竞争对手分析三个部分构成。

1.竞争对手的地域分布

在胜利桥北民乐街道辖区内,胜利桥北农贸市场周边的竞争对手的地理分布情况参见下图4-6。符号★表示现阶段其主要的竞争对手。

2.周边竞争对手的情况

胜利桥北农贸市场周边的主要竞争对手的基本情况参见表4-9。

3.周边竞争对手分析

下面,作者将对胜利桥北农贸市场周边主要竞争对手的特点进行分析。

(1)双兴批发市场(大菜市)

特点一:"规模大"。成立于1999年,营业面积30万 m²,目前为大连市规模最大、辐射力最强的大型商品批发交易中心。

特点二:"价格低"。以蔬菜为例,它是大连市"菜篮子"工程重点项目,承担着大连市民蔬菜需求量的70%,其蔬菜市场行情堪称大连市蔬菜商品价格的"晴雨表"。

特点三:"品种全"。涉及蔬菜、水果、粮油、肉蛋禽、干调味副食品、小商品、文化用品、日用百货、家用电器、服装鞋帽等二十多个商品大类,五万余个品种。

特点四:"顾客多"。不仅批发商品,同时兼顾零售。"到大菜市购物"

图 4 -6　竞争对手的地域分布图

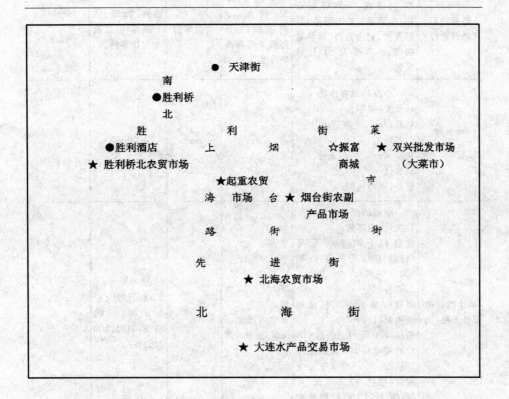

表 4 -9　周边竞争对手的基本情况表

名称\项目	双兴批发市场（大菜市）	起重设备厂农贸市场（早夜市）	北海农贸市场	大连水产品交易市场	烟台街农副产品市场（已停业）
营业面积（单位 m²）	300,000m² 包括：(1)蔬菜批发市场；(2)果品批发市场；(3)小商品批发市场。	500m²	60m²	10,000m² 包括：5,800m² 交易大厅和 4,200 m²交易大棚。	500m²

经营内容（经营定位）	主要经营蔬菜、水果、粮油、肉蛋禽、干调味副食品、小商品、文化用品、日用百货、家用电器、服装鞋帽等。以批发为主兼零售。	从事蔬菜、水果、肉蛋、干调、小商品、日用百货等商品的零售。	肉蛋零售	活鲜、海珍品、干品等，以批发为主兼零售。	
单个摊位面积	小商品批发市场 1.批发（兼零售） 食品：$7m^2$，干调：$7m^2$。 2.零售 蔬菜：$6m^2$，果品：$2m^2$。 3.其他 服装（楼内）：$9m^2$。	$3.6m^2$	$2m^2$	$6—50m^2$	
单个摊位的租金＋税（元）	小商品批发市场 1.批发（兼零售） 食品和干调：880元/月（包括630元的租金和250元的税）。 2.零售 蔬菜：700元/月（包括租金和税）； 果品：760元/月（包括660元的租金和100元的税）。 3.其他 服装（楼内）：2,300元/月（包括1,910元的租金和390元的税）。	1.室外摊位：360元/月（含税）； 2.室内摊位：560元/月（含税）。		20m^2的摊位：3,300元/月（包括2,200元的租金和1,100元的税）。	
总摊位数（个）	小商品批发市场营业面积13.8万m^2，拥有租赁摊位6,800多个，其中果品摊位161个。	水果摊位：18 蔬菜摊位：42 水产品：30 干调：11 食品：15 日用品：35 肉蛋：17 餐饮（$12m^2$）：19 共187个摊位	10个	近300个	

营业时间	1.蔬菜批发市场和果品批发市场:早 4:00—14:00 2.小商品批发市场:早 8:00—17:00	早 5:00—19:00	早 5:00—19:00	早 2:00—10:00	
摊位出租情况	99%的出租率	90%的出租率	50%的出租率	93%的出租率	0%的出租率

已成为大连市民购买物美价廉商品的代名词。周边居民上大菜市购物（特别是购菜）已成了习惯。

特点五:"租金高"。因地处大菜市,地理位置优越,摊位供不应求,故租金较高。

(2)起重设备厂农贸市场(位于北海社区)

特点一:"室外的社区农贸市场"。成立于 1999 年,位于室外,营业面积 500m²,是目前民乐街道辖区内最大的社区农贸市场。

特点二:"品种较全"。涉及蔬菜、水果、肉蛋、干调、小商品、日用百货等商品的零售以及餐饮服务。

特点三:"卖场环境较差"。整个卖场的硬件设施、卫生环境均不尽如人意。

特点四:"租金价格较低"。每个摊位面积 3.6m²,室外摊位租金:360 元/月(含税)。室内摊位租金:560 元/月(含税)。

特点五:"欠(银行)债经营"。作为农贸市场的母体——大连起重设备厂,共有职工 230 余人,其中退休职工 200 余人(领取养老保险),在岗职工 30 余人(依靠农贸市场发工资)。现拖欠银行借款1,500万元,目前经营的农贸市场每年有 100 多万元的营业收入。

(3)北海农贸市场(北海社区)

特点一:"室内的小农贸市场"。位于室内,营业面积仅 60m²。

特点二:"品种少"。只进行肉蛋的零售业务。

特点三:"出租率低"。因与起重农贸市场相邻和受自身条件的限制,其出租率仅50%。

(4)大连水产品交易批发市场

特点一:"规模大"。位于黑嘴子码头,营业面积10,000m²(5,800m²交易大厅和4,200m²交易大棚),拥有近300个摊位。

特点二:"品种多"。批发的鱼类100余种,贝类和藻类各有30余种,干鲜品几十种。

特点三:"价格低"。大多数农贸市场的零售商都是从这里进货再卖给顾客,故在价格上有较大的优势。水产品价格一般比农贸市场价格至少便宜10%。

特点四:"零售量少"。因水产品的特性、顾客的购买习惯以及市场的地理位置和交通情况等原因,故以家庭为单位购买水产品的居民不是很多。

(5)烟台街农副产品市场(位于团结社区)

烟台街农副产品市场成立于1999年,营业三个月后,即告停业,停业原因如下。

原因之一:起重设备厂农贸市场(位于其东部)地理位置比烟台街农副产品市场(在团结社区温馨花园一层楼内,地理位置比较闭塞)好得多。

原因之二:起重设备厂农贸市场是室外农贸市场,烟台街农副产品市场是室内农贸市场,室外农贸市场有着室内农贸市场无法比拟的先天优势。

(七)胜利桥北农贸市场的优劣势分析

作者将对胜利桥北农贸市场的优势和劣势进行分析。

1.优势分析

(1)地域优势。其位于胜利桥最北端,是进入民乐街道腹地的必经之地,地理位置得天独厚。

(2)商业气氛浓郁。其与闻名遐迩的天津商业圈只一桥之隔,每日途经此地到大菜市采购和上下班的客流量较大。

(3)原有的桥头农贸市场(1990—1996年)已成为老居民挥之不去的记忆。成立于1990年的桥头农贸市场(位于胜利桥北端,胜利酒店前身),曾因其优越的地理位置、通透的露天购物条件、没有竞争对手等原因红火一时,后因大连市政府的"退路进厅"政策等原因,1996年宣告停业。

(4)采购成本较低。双兴批发市场(大菜市)和大连水产品交易市场与桥北农贸市场只有一站地的路程。业主采购进货十分便利和快捷,大大降低了采购成本。

(5)政策优势。从长期看,将影响社区环境的农贸市场取缔已成为历史发展的必然。提高农贸市场的购物环境和解决失业人员的安置工作是当地政府比较鼓励的。因此,起重农贸市场的环境劣势和失业人员就业安置的优惠政策也许能成为桥北农贸市场发展的一个契机。

2.劣势分析

(1)大菜市已抢占了民乐辖区的大部分市场。从民乐街道腹地到大菜市与到胜利桥北的距离相差无几,大菜市每斤蔬菜的价格比一般农贸市场便宜10%—15%(每斤蔬菜大约便宜5角钱),商品种类还齐全。经抽样访谈,民乐辖区近80%的居民在大菜市购买日用消费品。

(2)周边商家店家的商品采购也首选大菜市。周边的商家店家(特别是酒店)因以下三个原因:一是一次购买量较大,二是拥有自己的专用车,三是距离大菜市特别近,所以在低价位上要求较高,大菜市当仁不让地成为周边商家店家商品采购的首选之地。

（3）起重设备厂农贸市场（早夜市）已确立了其社区农贸市场的龙头地位。自从桥头农贸市场 1996 年停业后，1999 年成立的起重设备厂农贸市场目前成为民乐辖区内最大的社区农贸市场，早夜市的概念已深入人心。它的存在对胜利桥北农贸市场有很强的抑制作用。仔细调查可以发现，起重设备厂农贸市场两年内（除非周边要进行房地产开发）取消的可能性不大。另外，起重设备厂农贸市场 2002 年 5 月对农贸市场进行了一些改造，初步改善了农贸市场原有的环境。

（4）地下农贸市场比地上农贸市场（特别是露天农贸市场）有着先天的劣势。根据不完全统计，地下农贸市场成功机率较低。如果十分火爆的露天市场归于地下后，原本兴旺的市场便不复存在。

（5）业主对桥北农贸市场的预期不高。通过对双兴小商品批发城果品小市场业主和早夜市业主的抽样调查，只有 10% 的业主对在桥北农贸市场内卖货感兴趣，而 90% 的业主对在桥北农贸市场内卖货不感兴趣或信心不足。

（6）民乐街道辖区作为桥北农贸市场的目标市场，其辖区面积仅 1.25 平方公里，人口不过 2.1 万人，市场潜力和消费能力十分有限。

三、关于胜利桥北农贸市场的投资分析

关于胜利桥北农贸市场的投资分析部分涉及五个方面的内容，它们分别是投资估算与资金筹措、财务数据估算、财务效益分析、不确定性分析、社会经济效益分析。

（一）投资估算与资金筹措

1. 投资估算

（1）建设投资估算：800 万元

（2）流动资金估算

根据同类项目的经验数据和该项目的具体情况，该项目所需的流动资金确定为 30 万元。

（3）利息估算

该项目投资借款 800 万元，流动资金借款 30 万元，各年利息成本详见表 4-10。

2.资金筹措

该项目投资为 830 万元，其中 800 万元为银行借款，30 万元为流动资金借款。

（二）财务数据估算

1.计算期估算

该项目计算期为 20 年，营业面积为 100%。

2.营业收入估算

该项目主要收入为出租摊位收入，可供出租的摊位有 402 个，每年的租赁费和管理费收入为 290.46 万元。营业收入预算详见表 4-11。

3.营业税金估算

该项目缴纳营业税、城乡维护建设费和教育费附加。以上营业税金及附加按各年营业收入的 5.5%计算，以后每年为 15.9753 万元。具体数值详见表 4-12。

4.总成本费用估算

该项目总成本费用包括：外购燃料及动力费用、广告费、工资及福利费、折旧费、修理费、利息支出和其他费用。各项成本费用估算如下。

（1）外购燃料及动力费用

该项目每天的用水量为 85 万吨（不包括水产摊位的用水），用电量

表4-10 借款还本付息表

单位:万元

序号	项目		1	2	3	4	5	6	7	8	9	10	11	12
1	借款还本付息	本息累积												
1.1	年初借款本息累积		800.00	775.95	738.13	696.53	645.10	588.55	525.38	456.92	381.64	298.88	207.88	107.83
1.2	本年计息		50.72	49.20	46.80	44.16	40.90	37.31	33.31	28.97	24.20	18.95	13.18	6.84
1.3	本年还本		74.77	87.02	88.39	95.59	97.45	100.49	101.77	104.24	106.96	109.95	113.23	107.83
2	还款资金来源		74.77	87.02	88.39	95.59	97.45	100.49	101.77	104.24	106.96	109.95	113.23	116.84
2.1	折旧		36.00	36.00	36.00	36.00	36.00	36.00	36.00	36.00	36.00	36.00	36.00	36.00
2.2	利润		38.77	51.02	52.39	59.59	61.45	64.49	65.77	68.24	70.96	73.95	77.23	80.84

注:借款偿还期=(12-1)+107.83/116.84=11年11个月。

表4-12　利润表

单位:万元

项目	1	2	3	4	5	6	7	8	9	10	11	12	13—20
营业收入	290.46	290.46	290.46	290.46	290.46	290.46	290.46	290.46	290.46	290.46	290.46	290.46	290.46
营业税金及附加	15.98	15.98	15.98	15.98	15.98	15.98	15.98	15.98	15.98	15.98	15.98	15.98	15.98
总成本费用	206.41	184.89	182.49	169.85	166.59	163	159	154.66	149.89	144.64	138.87	132.53	125.69
利润总额	68.07	89.59	91.99	104.63	107.89	111.48	115.48	119.82	124.59	129.84	135.61	141.95	148.79
所得税	22.46	29.57	30.36	34.53	35.61	36.79	38.11	39.54	41.12	42.85	44.75	46.85	49.10
税后利润	45.61	60.03	61.64	70.11	72.29	74.69	77.37	80.28	83.48	87.00	90.86	95.11	99.69
职工奖励及福利基金	2.28	3.00	3.08	3.51	3.61	3.73	3.87	4.01	4.17	4.35	4.54	4.76	4.98
储备基金	2.28	3.00	3.08	3.51	3.61	3.73	3.87	4.01	4.17	4.35	4.54	4.76	4.98
企业发展基金	2.28	3.00	3.08	3.51	3.61	3.73	3.87	4.01	4.17	4.35	4.54	4.76	4.98
可供分配利润	38.77	51.02	52.39	59.59	61.45	63.49	65.77	68.24	70.96	73.95	77.23	80.84	84.74
股利分配													
未分配利润	38.77	51.02	52.39	59.59	61.45	63.49	65.77	68.24	70.96	73.95	77.23	80.84	84.74

表 4 -11　收入预算表

分区	类别	摊位个数（个）	摊位面积（平方米）	月管理费用（元）	月租金标准（元）	年收入总额（万元）
A/B	水产品	72	4	150	600	64.80
C	水果蔬菜	72	2	100	300	34.56
D	生肉食	22	4	150	600	19.80
	熟肉区	30	4	150	600	27.00
E	蛋类	16	2	100	350	8.64
F	食品	34	3	100	450	22.44
G	干调	28	3	100	450	18.48
	粮油	29	3	100	500	20.88
	加工间	8	4	150	500	6.24
H	服装区	56	3	100	500	40.32
I	批发区	35	4	150	500	27.30
	合计	402				290.46

为 400 度，供暖费按每一供暖季 32.5 元/平方米，则总费用为 36.49 万元。外购燃料及动力费用情况详见表 4 -13。

表 4 -13　外购燃料及动力费用表

序号	类别	数量	单位价格	年花费总额（万元）
1	用水	85 吨/天	5.5 元/吨	16.83
2	用电	400 度/天	0.62 元/度	8.93
3	取暖	3,300 平方米	32.5 元/平方米/年	10.73
	合计			36.49

（2）广告费

该项目营业前期第一年的广告费按 30 万元考虑，第二年和第三年每年按 10 万元计算。

（3）工资及福利费

该项目所需员工 27 人，员工平均年工资为 1.16 万元，员工的福利费按其工资总额的 14%提取。全部员工的年工资总额及福利费合计为 31.33 万元。工资及福利费预算情况详见表 4－14。

表 4－14　工资预算表

序号	人员类别	人数	月工资标准（元）	年工资总额（万元）	福利费（%）	金额（万元）	合计（万元）
1	高级管理人员	2	2,500	6.00	14	0.84	6.84
2	招商负责人	3	1,500	5.40	14	0.76	6.16
3	财务人员	2	1,200	2.88	14	0.40	3.28
4	保安及维护人员	10	600	7.20	14	1.01	8.21
5	清扫及执勤人员	10	500	6.00	14	0.84	6.84
	合计	27		27.48		3.85	31.33

（4）折旧费

该项目可提取折旧的固定资产原值 800 万元，净残值率 10%，折旧年限 20 年，按直线法综合计提折旧，年折旧费为 36 万元。

（5）修理费

该项目的修理费按折旧费的 25%计算，则年修理费为九万元。

（6）利息支出

该项目利息支出为投资借款发生的利息和流动资金借款发生的利

息之和。投资借款利息的年利率为 6.34%,流动资金借款利息的年利率为 5.31%。

(7)其他费用

该项目的其他费用包括办公费、差旅费、保险费、低值易耗品摊销、管理费、实际应酬费等成本和费用。根据经验数据和该项目的具体情况,按总成本前五项合计的 10% 计算,则每年为 11.28 万元。

该项目的总成本费用估算情况详见表 4-15。

5.利润及利润分配估算

该项目的利润及利润分配估算包括利润总额和所得税估算、利润分配估算两项内容。

(1)利润总额和所得税估算

利润总额为销售收入扣除总成本费用和营业税金后的余额,所得税按利润总额的 33% 计算,利润总额和所得税估算结果详见表 4-12。

(2)利润分配估算

税后利润额分别以 5% 的比例提取职工奖励及福利基金、储备基金和企业发展基金后,其余为可供分配利润,在偿还借款期间,可供分配利润全部作为未分配利润,用于偿还借款;在还清借款后的年份,可供分配利润按各方投资比例全部用于股利分配。利润分配估算结果详见表4-12。

(三)财务效益分析

该项目的财务效益分析包括两个方面的内容:一是盈利能力分析,二是债务清偿能力分析。

1.盈利能力分析

该项目的盈利能力分析由现金流量分析和静态投资收益率分析两

表 4 - 15 总成本费用估算表

单位:万元

序号	项目		1	2	3	4	5	6	7	8	9	10	11	12	13—20
1	外购燃料及动力费用		36.49	36.49	36.49	36.49	36.49	36.49	36.49	36.49	36.49	36.49	36.49	36.49	36.49
1.1	其中:	水	16.83	16.83	16.83	16.83	16.83	16.83	16.83	16.83	16.83	16.83	16.83	16.83	16.83
1.2		电	8.93	8.93	8.93	8.93	8.93	8.93	8.93	8.93	8.93	8.93	8.93	8.93	8.93
1.3		取暖	10.73	10.73	10.73	10.73	10.73	10.73	10.73	10.73	10.73	10.73	10.73	10.73	10.73
2	工资及福利费		31.33	31.33	31.33	31.33	31.33	31.33	31.33	31.33	31.33	31.33	31.33	31.33	31.33
3	折旧费		36.00	36.00	36.00	36.00	36.00	36.00	36.00	36.00	36.00	36.00	36.00	36.00	36.00
4	修理费		9.00	9.00	10.00	9.00	9.00	9.00	9.00	9.00	9.00	9.00	9.00	9.00	9.00
5	广告费		30.00	10.00	10.00										
6	利息支出		52.31	50.79	48.39	45.75	42.49	38.90	34.90	30.56	25.79	20.54	14.77	8.43	1.59
7	其他费用		11.28	11.28	11.28	11.28	11.28	11.28	11.28	11.28	11.28	11.28	11.28	11.28	11.28
8	总成本		206.41	184.89	182.49	169.85	166.59	163.00	159.00	154.66	149.89	144.64	138.87	132.53	125.69
8.1	其中:固定成本		169.92	148.40	146.00	133.36	130.10	126.51	122.51	118.17	113.40	108.15	102.38	96.04	89.20
8.2	变动成本		36.49	36.49	36.49	36.49	36.49	36.49	36.49	36.49	36.49	36.49	36.49	36.49	36.49
9	经营成本		118.10	98.10	98.10	88.10	88.10	88.10	88.10	88.10	88.10	88.10	88.10	88.10	88.10

部分组成。

(1)现金流量分析

盈利能力分析首先编制全部投资财务净现金流量表,详见表4-16。

然后,根据上述表格的数据计算出财务内部收益率(FIRR)、财务净现值(FNPV)和投资回收期(Pt)指标,具体数据如表4-17所示。

表4-17 项目的财务内部收益率、财务净现值和投资回收期

指 标		FIRR(%)	FNPV(万元)	Pt
全部投资	税后	18.56	387.89	6年1个月
	税前	24.94	708.05	5年

从以上指标可以看出,其财务净现值均大于零,财务内部收益率均高于基准折现率10%,以全部投资为基础计算的投资回收期,税前为5年,税后也仅为6年1个月,说明项目的盈利能力是比较强的,该项目是可以考虑接受的。

(2)静态投资收益率分析

投资利润率=10.21%;投资利税率=15.25%。

从以上指标可以看出,投资利润率和投资利税率的指标值都偏低,只是接近于同行业的平均水平。根据上述几个指标进行总的判断,其结论是:该项目是可以考虑接受的。

2.债务清偿能力分析

该项目的建设投资借款偿还期为11年11个月(见表4-10),借款偿还期较长,说明:该项目有一定的借款清偿风险。

表4-16 现金流量表（全部投资）

单位：万元

序号	项目	1	2	3	4	5	6	7	8	9	10	11	12	13—19	20
1	现金流入	290.46	290.46	290.46	290.46	290.46	290.46	290.46	290.46	290.46	290.46	290.46	290.46	290.46	400.46
1.1	营运收入	290.46	290.46	290.46	290.46	290.46	290.46	290.46	290.46	290.46	290.46	290.46	290.46	290.46	290.46
1.2	回收固定资产余值														80.00
1.3	回收流动资金														30.00
2	现金流出	993.38	152.65	153.68	149.14	150.52	152.06	153.80	155.65	157.71	159.98	162.45	165.21	168.12	168.12
2.1	固定资产投资	800.00													
2.2	流动资金	30.00													
2.3	经营成本	118.10	98.10	98.10	88.10	88.10	88.10	88.10	88.10	88.10	88.10	88.10	88.10	88.10	88.10
2.4	营业税金及附加	15.98	15.98	15.98	15.98	15.98	15.98	15.98	15.98	15.98	15.98	15.98	15.98	15.98	15.98
2.5	所得税	22.46	29.57	30.36	34.53	35.61	36.79	38.11	39.54	41.12	42.85	44.75	46.85	49.10	49.10
2.6	职工奖励及福利基金	2.28	3.00	3.08	3.51	3.61	3.73	3.87	4.01	4.17	4.35	4.54	4.76	4.98	4.98
2.7	储备基金	2.28	3.00	3.08	3.51	3.61	3.73	3.87	4.01	4.17	4.35	4.54	4.76	4.98	4.98
2.8	企业发展基金	2.28	3.00	3.08	3.51	3.61	3.73	3.87	4.01	4.17	4.35	4.54	4.76	4.98	4.98
3	净现金流量	-702.92	137.81	136.78	141.32	139.94	138.40	136.66	134.81	132.75	130.48	128.01	125.25	122.34	232.34
4	累计净现金流量	-702.92	-565.11	-428.33	-287.01	-147.07	-8.67	127.99							
5	所得税前净现金流量	-680.46	167.38	167.14	175.85	175.55	175.19	174.77	174.35	173.87	173.33	172.76	172.10	171.44	281.44
6	所得税前累计净现金流量	-680.46	-513.08	-345.94	-170.09	5.46									

计算指标：税后：投资回收期=6年1个月，　财务内部收益率=18.56%，　财务净现值（Ic=10%）=387.89万元。
税前：投资回收期=5年，　财务内部收益率=24.94%，　财务净现值（Ic=10%）=708.05万元。

169

(四)不确定性分析

该项目的不确定性分析主要涉及的是盈亏平衡分析和敏感性分析。

1.盈亏平衡分析

盈亏平衡点处的营业能力利用率=46.82%;盈亏平衡点处的营业收入=135.99万元。

盈亏平衡分析结果表明,只要该项目的营业能力利用率达到46.82%,或者营业收入达到135.99万元,就可以达到盈亏平衡(保本)。由此可以看出,该项目的亏损风险不是很大。

2.敏感性分析

该项目的敏感性分析选用了银行借款、经营成本和营业(销售)收入作为影响因素,来分析这些因素的变化对主要技术经济指标的影响程度,敏感性分析结果详见表4-18。

表4-18　敏感性分析表

序号	调整项目			分析结果		
	投资	营业收入	经营成本	内部收益率	财务净现值(万元)	投资回收期
0				18.56%	387.89	6年1个月
1	10.00%			16.91%	345.01	6年6个月
2	-10.00%			20.99%	466.41	5年8个月
3		10.00%		21.23%	505.63	5年6个月
4		-10.00%		16.08%	278.56	6年9个月
5			10.00%	17.77%	354.59	6年3个月
6			-10.00%	16.08%	278.56	6年9个月

从表 4-18 可以看出,针对主要技术指标的影响程度,按大小顺序依次排列为:营业收入、投资额和经营成本。数据告诉我们:该项目的经济效果对营业收入最为敏感,其要求投资者应积极地培育市场,吸引众多的货源和客源,以保证市场的繁荣,并努力保证投资者预期的财务效益。

(五)社会经济效益分析

该项目不仅可以为投资者带来一定的财务效益,而且可以为投资者带来一定的社会经济效益。该项目的社会经济效益主要表现在以下四个方面:

第一,可以增加税源;

第二,可以提供就业岗位;

第三,可以为社区居民和上下班买菜者提供方便;

第四,可以进一步繁荣民乐街道及大连市的农贸市场。

四、关于胜利桥北农贸市场的最终结论和对策建议

在上述分析的基础上,作者提出了关于胜利桥北农贸市场的最终结论和对策建议。

(一)最终结论

(1)该项目基础设施的初期规划的功能定位即农贸市场,这就为农贸市场的运营创造了良好的物质条件。

(2)该项目具有一定的盈利能力,但仍有一定的清偿风险。

(3)该项目不但可以保证取得一定的财务效益,而且可以带来一定

的社会经济效益。

(4)不确定性分析表明,该项目有一定的抗风险能力。该项目能够通过培育市场、特色经营、独到服务等手段吸引客源,能够从周边网罗到丰富的货源,所以未来有一定的市场前景。

综上所述,该项目的投资基本上是可行的,只要投资者科学地规划,积极地运作,该项目达到预期的目标是有保证的。

(二)对策建议

(1)准确定位。胜利桥北农贸市场应定位在"社区的农贸市场",锁住社区的客户群(同时网住一部分上下班客流),使其成为社区内受欢迎的农贸市场。

(2)错位经营。胜利桥北农贸市场应在产品特色上下功夫,实现与周边竞争对手的优势互补(错位经营)。既要在产品定价上保持一定的竞争力,又要引进一些有特色的、形成互补的产品,实现产品的优势互补,避免与大菜市的正面交锋。例如,大菜市没有水产品、肉食品批发,胜利桥北农贸市场可到大连水产品交易市场(其位置交通繁忙,居民购买很不安全)和大连熟食品交易市场采购商品,获取价格优势,以便勾起社区居民、下班客流的购买欲望。当然也可引进一些名优土特产以方便外地来连人员(特别是路经大连的全国各地的列车员等)购买。另外,也可将自己打造成为大连水产品冷藏的中转站。

(3)争取良策。加强与民乐街道的联系,争取相关的优惠政策。还可通过合资合作的方式,尽快取代起重农贸市场的社区市场地位。

(4)积极招商。积极培育市场,努力做好市场的招商工作。在招商条件上做足文章,例如可通过减让税金、降低租金等方式将业主吸引过来,将市场迅速做热。

区域营销案例　大连大杨集团的转型之路

虽然贴牌加工赚取的收入要高于同类企业,但是拥有 31 年历史的大连大杨集团并不甘心于只为他人做嫁衣的中国传统服装企业的生存模式。在全球金融危机的背景下,大杨集团成功开启了这个 31 年"服装王国"的转型之路。在未来,自主品牌建设将成为大杨集团战略调整的重心。

瞄准单量单裁业务

美国股神巴菲特一段对大杨集团量身单裁的服装及企业大加赞赏的视频在 2009 大连国际服装博览会上播出之后,大杨创世的股票迅速成为中国资本市场上最受关注的股票之一,公司股价一路上扬并且几度涨停。

实际上,大杨集团在股神巴菲特身上取得的成绩,只是其单量单裁业务中的一个缩影。"单量单裁"是指为每位客户都量身定制服装,它位于服装制造价值链的最高端,回报率是常规生产的五倍以上。对服装企业来说,单量单裁业务的好处是能够将产业链条延伸到终端市场。当然,它的涌现是服装行业发展的必然。目前,推进附加值高的自主品牌建设成为大杨集团战略调整的重要举措。作为自主品牌建设的手段之一,单量单裁业务无疑是大杨集团的下一个发展方向。2009 年,大杨集团确定了打造全球最大单量单裁公司的目标,期望借此让"创世"品牌站稳世界男装高端市场。

大杨集团董事长李桂莲女士说:"高端客户对品牌有忠诚性,并对大众产生追潮效应。'创世'有六个着装顾问团队,每天都要奔赴国内外多个角落给客户提供个性化的着装顾问服务。"李桂莲女士强调:"拿下美

国市场,将成为大杨集团目前最重要的计划。"据悉,大杨集团将在美国开设230家创世男装单店。过去为国外贴牌加工的"中国制造"服装,将首次以自主品牌"创世"品牌的形象展示在外国人的面前。

多品牌抢占国内市场

李桂莲女士深有感触地说:"金融危机之后,我们发现,中国成为国际大牌竞相争夺的市场。"金融危机袭来,一个意大利高级男装品牌,在欧洲市场的销售收入急剧下降,但是其在亚洲,尤其是在中国市场的销售收入却增长迅速。现在,在国际市场上渐入佳境的大杨集团,重新将目光放到国内市场的时候,却残酷地发现:竞争对手已经将它们的战场推到了自己的家门口。长期经营国际市场的大杨集团,如今的国内业务只占其销售收入的10%左右。李桂莲女士强调:未来世界的市场在中国,"创世"品牌要成为国际上真正有影响力的男装品牌,必须拿下这个日渐庞大的市场。

在国内市场,如何在与国际服装大品牌的贴身肉搏中脱颖而出?如何从已经在国内市场深耕多年的国内品牌手中夺出市场份额?这些都是摆在大杨集团面前的现实问题。2009年,大杨集团开始了为期5年的战略转型:从单一品牌开始向三品牌转型,从"创世"一个品牌发展到"凯门"和"Yousoku"两个分别针对职业装和面向年轻人的品牌;从85%外销到国内市场、亚洲市场和欧美市场各占1/3的销售比例转型;从批量制作到单独定制转型……

国际精英加盟大杨集团

经过31年的岁月洗礼,大杨集团逐步完善了服装的产销和工艺体系。现任的设计总监是"乔治·阿玛尼"的首席设计师伊万诺·凯特林,营销总监是美国著名市场营销专家戴维·玛格丽特,国际品牌的形象顾问是意大利著名品牌形象策划专家朗根女士,国际服装顾问是日本著名时装设计大师古川云雪先生,等等。这些国际精英加盟大杨集团,使"创世"男装保持了与国际一线品牌在潮流、资讯、工艺、风格等方面的同步性和权威性。迄今,大杨集团正处在贴牌加工向自主品牌建设的转型过程中,其深厚的专业底蕴必将让"创世"男装迅速崛起。

国际一流的生产、设计、销售精英正在为大杨集团铺就一条通向国际高端男装品牌之路。据悉,目前,大杨集团在美国开设专卖店的计划正在商谈和落实中。在未来,"创世"品牌将首次以中国品牌的身份在美国独立开店销售。而其面积七百多平方米的"创世"男装沈阳旗舰店已开业,在北京、哈尔滨等主要城市"创世"也陆续开设了新的店面。"凯门"职业装也将银行、软件等行业的高端企业逐渐纳入服务对象,2009年10月,大杨集团推出了针对年轻人群的 Yousoku,专门实施网络销售,"十一"期间的促销活动一经推出,大杨集团的网站创下了六万人的浏览量。总之,在自主品牌建设上,如今的大杨集团正在向打造国际一流服装品牌的目标迈进。

（本案例是根据以下资料整理的：孙霞,《大杨再创俩品牌欲深耕国内市场》,《新商报》,2009 年 12 月 8 日,第 33 版；大连大杨集团,《〈中国财经报道〉讲述大杨创世的华丽转身》,http://www.trands.com/news.asp。）

[本书点评]

这是一个辽宁省著名服装企业——大连大杨集团的市场营销案例。先前的大连国际服装节曾一度让大连乃至辽宁的服装业在全国鹤立鸡群。但是,低度的市场化和淡薄的品牌意识让辽宁服装业整体落伍了。多年来,好在我们还有大杨集团值得骄傲。

  企业的经营环境是不断发展变化的。一个成功的企业必须根据外部环境的变化不断调整自己的经营战略。的确如此,大杨集团成长的31年就是不断顺应变化、不断调整变革的31年。早在2004年,当中国还没有取消纺织品服装出口配额时,大杨集团就制定了打造高端男装的品牌战略。2009年,在全球金融危机的背景下,大杨集团又开始新的战略转型,即从一个"创世"品牌到"创世"、"凯门"和"Yousoku"三个品牌的转型,从85%外销到国内市场、亚洲市场和欧美市场各占1/3的销售比例的转型,从批量制作到单独定制的转型。就大杨集团而言,"变"是其永远不变的法则。当然,为了更好地发展,大杨集团今后还要注意解决企业家族性色彩过浓的问题。

第五章　营销教学问题研究

在第五章中,本书集中探讨的是如何在高等院校范围内有效地开展市场营销相关课程教学方面的问题。

第一节　市场营销相关课程引入体验式教学的思考

随着高等教育课程改革的不断深入,教学中的体验问题越来越受到高校教师的广泛关注。市场营销相关课程,即市场营销学、服务营销学、消费者行为学、国际市场营销学、品牌管理、公共关系学、推销学、广告策划与管理、市场调查等(见表5-1),作为应用性、专业性、实战性极强的系列课程,尤其推崇体验式教学这一模式。与传统的教学模式不同,体验式教学是以学生为中心、关注个性差异和情感体验的教学模式。目前,体验式教学虽处于起步阶段,但是已逐渐为高校大多数学生所认可。

近年来,国内外高校市场营销的学者们在体验式教学上也开展了一些理论研究。谢江红、曹军辉(2007)从传统教学模式存在的弊端和市场营销学本身的特点出发,指出市场营销学的教学需要引进一种新的教学模式,他们在阐述了体验教学内涵和优越性的基础上,对市场营销学如何加强体验教学的措施进行了初步探索。常英(2006)指出体验式教学

表 5 -1 市场营销相关课程

序号	市场营销相关课程
1	市场营销学
2	服务营销学
3	消费者行为学
4	国际市场营销学
5	品牌管理
6	公共关系学
7	推销学
8	广告策划与管理
9	市场调查
...	...

是一种非常有效的教学方法,该方法不仅有利于市场营销专业的学生更快、更有效地掌握市场营销的知识与技能,而且有利于毕业后更快地融入企业的实际市场营销工作中,成为社会需要的实用型市场营销人才。

本节试从分析市场营销相关课程为什么引入体验式教学入手,阐述体验式教学的含义与特点,并基于此提出市场营销相关课程引入体验式教学的指导原则和实施办法。

一、市场营销相关课程为什么要引入体验式教学

本书认为,市场营销相关课程引入体验式教学的原因如下。

(一)合格的营销人才严重不足

随着市场经济的不断深化,各行业市场竞争越来越激烈,企业对营

销人才的需求也与日俱增。据辽宁省人力资源和社会保障厅的统计，2009 年第一季度,辽宁省 14 个市及省人力资源市场共举办各类人才招聘会 224 场,累计有22,492家用人单位进场纳贤,提供需求岗位377,679 个,涉及 15 大类 75 个专业;登记求职人员525,810人,涉及 15 大类 63 个专业。其中,用人单位招聘需求排行前 10 位的职位分别是:市场营销 93,785人,商业贸易26,724人,计算机与信息20,939人,财会金融20,868 人,行政管理18,458人,机械制造18,106人,建筑工程17,709人,教育与培训16,910人,高级技工16,709人,服务类12,661人。人才供给排行前 10 位的职位(不包括锦州市)分别是:管理类39,712人,市场营销34,543 人,财会金融33,837人,机械类31,967人,计算机类30,212人,文秘类 26,011人,机电类24,247人,电子信息类24,004人,建筑工程18,482人, 外语类15,692人。[①] 具体数据请参见表 5-2。

　　目前社会上有个十分奇怪的现象:一方面是许多企业合格的营销人才严重不足(如表 5-2 所示,营销人才需求与供给的缺口高达59,242 人),另一方面是大量市场营销专业的学生找不到工作。这种市场营销专业失业与空位并存的现象本身已经说明高校在培养市场营销专业人才中存在一定缺陷。在全球经济一体化的背景下,如何培养企业青睐的高素质营销人才,是摆在高校营销专业教师面前的重要课题。在新的形势下,以提高学生素质为宗旨的体验式教学自然显得十分重要。

(二)传统的教学模式存在弊端

　　传统的教学模式中教师是绝对的主角,教师将学生看作是一个没有

---

　　① 辽宁省人力资源和社会保障厅:《2009 年第一季度全省人才市场供求信息情况分析》: http://www.lnrc.com.cn/channel/0004/news_Paper%5C20094271026403760044.shtml。

表 5-2 2009 年第一季度辽宁省人才市场供求信息情况分析

排行	用人单位招聘需求		人才供给	
	专业	人数	专业	人数
第 1 位	市场营销	93,785	管理类	39,712
第 2 位	商业贸易	26,724	市场营销	34,543
第 3 位	计算机与信息	20,939	财会金融	33,837
第 4 位	财会金融	20,868	机械类	31,967
第 5 位	行政管理	18,458	计算机类	30,212
第 6 位	机械制造	18,106	文秘类	26,011
第 7 位	建筑工程	17,709	机电类	24,247
第 8 位	教育与培训	16,910	电子信息类	24,004
第 9 位	高级技工	16,709	建筑工程	18,482
第 10 位	服务类	12,661	外语类	15,692

资料来源:辽宁省人力资源和社会保障厅,《2009 年第一季度全省人才市场供求信息情况分析》,http://www.lnrc.com.cn/channel/0004/News_Paper%5C200904271026403760044.shtml。

个性差异的群体,在课堂教学上采取的是满堂灌的填鸭式教学。在这种填鸭式的教学模式下,教师一言堂地将营销理论干巴巴地灌输给学生,学生只有被动接受的份儿,学习的积极性和主动性自然大打折扣,逃课、厌学是早晚的事。可见,传统教学模式的结果造就的是一批批的产品,而不是有血有肉、有个性的人才。而体验式教学关注的是每一个学生的内心需要,强调的是师生之间的情感互动,最终让每一块金子都发光。

2009 年 12 月,作者对大连大学市场营销专业的 20 名学生进行了深度访谈,深度访谈发现:目前市场营销相关课程教学存在三个主要问题。

第一,教学中师生之间缺乏必要的互动。

在此次访谈中,很多同学表示:来学校上课的教师总是把教学当成一种工作任务去做,讲完课背着包就走,在课堂上有些教师根本不注意下面学生的听课状况,依然故我地沉浸在自己的讲学中,这让很多学生丧失了学习的动力和热情。出现上述问题,有可能是教师缺乏这方面的授课技巧。但是,教师这样的行为已经大大挫伤了学生们的自尊心,他们认为:老师一点儿也不关注他们,既然如此自己又何必用心去学呢?这样恶性循环下去,最后很难取得良好的教学效果。

第二,教师强调理论教学,忽视实践教学。

在此次访谈中,很多同学纷纷表示:市场营销相关课程的理论教学比重过大,实践教学力度不够。许多教师沿袭传统的教学方法,在课堂上花大量的时间去讲解大段的理论,自己虽然讲得很起劲,但是底下的学生回应者寥寥。同学们普遍认为,理论学习过于枯燥,不仅理解起来困难而且背完之后很快就会忘掉,印象一点儿也不深刻,对实践能力的提高帮助不大。虽然有些教师做了一些改变,加入了一些案例的讲解,但是收效甚微。原因在于,一方面,这些教师举的例子缺乏典型性,跟现实生活的距离太远;另一方面,纸上谈兵的成分过多,对实战能力的提升帮助不大。

第三,教师的讲课内容不吸引人,学生因多种原因学习兴趣不足。

在此次访谈中,不少同学表示:一些教师的讲课内容不吸引人,自己由于各种原因缺乏学习的兴趣。目前,有些教师不关注当今社会的热点,不注意营销知识的更新,不重视教学方法的改进,一味地照本宣科,讲课的内容自然无法吸引学生的目光。很多时候,一堂课下来就好像一颗石子投在深潭死水里,学生没有任何反应。学生缺乏学习兴趣除了教师方面的原因之外,还与学生多年以来压抑的学习生活有关。在过去相当长的一段时间里,学生忍受来自高考升学的强大压力,到了大学,面对如此轻松的环境,很快就懈怠下来,对于学习投入的热情也少了。多数

时候,学生上课不记笔记,下课不进行复习,认为有用就学,认为没用就不学;自己学得不好不是从自身找原因,而是一味地责怪老师,看老师什么都觉得不顺眼。

(三)市场营销相关课程十分适合体验式教学

市场营销相关课程,即市场营销学、服务营销学、消费者行为学、国际市场营销学、品牌管理、公共关系学、推销学、广告策划与管理、市场调查等,这些都是建立在经济科学、行为科学、管理理论和现代科学技术基础上的应用科学。它们的研究目的在于:发现并满足顾客的需求,以取得可观的经济效益。市场营销相关课程具有时效性、实用性和专业性等特点。其中,时效性指的是因顾客的需求是不断变化的,原有的课程体系跟不上时代的脚步,所以要不断地调整;实用性指的是这些课程强调"用什么、怎么用",而不是"是什么、为什么",要真正做到理论联系实际(李宇红、赵伯庄、王磊,2005);专业性指的是这些课程有自己的体系,学生需要长时间的实践和领悟,在其中教师的引领非常关键。难怪有学者说,市场营销学是离社会和市场最近的科学之一。

由此可见,合格营销人才的不足、传统教学模式的弊端以及市场营销相关课程自身的特点都需要市场营销相关课程引入体验式教学模式。

二、体验式教学的含义与特点

那么,什么是体验式教学?体验式教学又有哪些特点呢?

(一)体验式教学的含义

与传统的教学模式不同,体验式教学重点强调的是体验两字。体验并不是一个新的词语。从语义学上讲,体验指的是通过参与而获得的感知和感受,也指亲身经历。体验有两种词性:一种是名词,强调体验是感知和感受;另一种是动词,强调体验是亲身经历。体验作为一个跨学科的概念,不同学科对体验概念赋予了不同的内涵。在这里,体验是一个过程,是个体亲历某一事件或情境的知、情、意、行的过程。

体验式教学是指在教学中教师积极创设各种情景,引导学生由被动到主动、由依赖到自主、由接受性到创造性地对教育情景进行体验,并且在体验中学会避免、战胜和转化消极的情感与错误认识,发展、享受和利用积极的情感与正确的认识,使学生充分感受蕴藏于这种教学活动中的欢乐与愉悦,从而达到促进学生自主发展的目的。教学在于体验。课堂上,学生活泼愉快地亲自参与、亲自体验到教师根据教学内容创造的不同教育情景,教师没有直接告诉学生应该怎么办,也没有告诉学生方法,因为每个学生都在体验着这些过程和方法(赖学显,2005)。

(二)体验式教学的特点

根据体验式教学的定义,我们不难发现体验式教学具有如下特点。

1.体验式教学是一种以学生为中心的教学模式

体验式教学是以学生为中心,而不是以教师为中心。在体验式教学中,师生的传统角色发生了易位,教师从以前的传授者、支配者转变为如今的引导者和帮助者,即教师的"教"服务、服从于学生的"学";而学生在扮演教育对象的同时,更是作为学习的主人,即在教师的引导和帮助下,学生更多地依靠自己克服困难、发现和获取知识。体验式教学提高了学生为自己负责的主人翁意识,学习的积极性和主动性空前高涨。

2.体验式教学是一种个性化的教学模式

学生是千差万别的,每个学生都有自己与众不同的个性,他(她)总

是从自己的视角去认识和看待整个世界,正所谓"在一千个读者眼里,就有一千个林黛玉"。体验式教学从本质上讲是一种开放、民主的教学,亦是一种承认差异、尊重个性的教学。在体验式教学中,作为引导者的教师必须具备更多的宽容和耐心,要尊重学生的个性差异,并且鼓励学生在教学中积极、主动地展现和表达自己的独特个性与主张。

3.体验式教学是一种素质导向的教学模式

体验式教学是一种以提高师生综合能力为目标的素质导向的教学模式。在提高师生素质和能力方面,体验式教学有以下三点优势:一是从学生的角度来看,它可以提高学生的学习效果。孔子云:"吾听吾忘,吾见吾记,吾做吾悟。"另据人们的生活经验发现:用眼睛看到的信息,只能记住 10%;用耳朵听到的信息,只能记住 20%;但亲身体验过的事情,则能记住 80%(常英,2006)。遵循上述规律,体验式教学强调学生在课堂上要"以身体之,以心验之",重视身体力行、内心感悟和经验的归纳与总结,故十分有利于提高学生的学习效果。二是从教师的角度来看,它可以提高教师的教学水平和研究能力。在体验式教学中,教师不可能像原来那样把以前的讲义生硬地搬上讲台就完事了;相反,教师只有不断地进行知识的更新,才能对学生进行有效的引导。体验式教学强调"功夫在于诗外",十分重视教师在课堂之外的知识更新和课程设计工作,故十分有利于提高教师的教学水平和研究能力。三是从师生、学生间互动关系的角度来看,它可以达成教学相长的共赢目的。除了单方面地提高各自能力之外,体验式教学还十分重视师生之间、学生之间的良性互动,通过师生之间的互动拓展了彼此的视野、加深了彼此的关系,通过学生之间的互动让学生懂得了合作、学会了取长补短。

由上可见,体验式教学是一种重效果、重能力、重共赢的素质导向的教学模式。

三、市场营销相关课程引入体验式教学的指导原则和实施办法

在市场营销相关课程中,引入体验式教学能否成功关键在于落实。市场营销相关课程引入体验式教学的指导原则和实施方法如下。

(一)市场营销相关课程引入体验式教学的指导原则

在体验式教学中,应坚持循序渐进的原则、以学生为中心的原则、满足市场需求的原则。

1.循序渐进的原则

在市场营销相关课程的教学过程中,要准确掌控课堂教学模式改革的节奏,循序渐进地引入体验式教学模式。可以首先在一些较易的课程(如市场营销学、推销学、市场调查等)中开始试验,试验中通过增减体验式教学的比重来观察学生的反应和接受情况。在初步试验成型后向其他课程拓展,待时机成熟后再全面启动体验式教学模式。

2.以学生为中心的原则

在体验式教学的过程中,始终坚持以学生为中心的原则。也就是说,让学生成为市场营销相关课程学习的主人,给学生留有充足的时间,让学生有机会自己去实践、发现、感悟和总结。在课堂上,作为学生的引导者,教师要尊重学生的个性差异,让每一个学生都有展现自我、表达主张的机会;教师还要学会用学生中流行的话题、诙谐的语言诠释新知,让每一个学生都感受到学习的快乐。

3.满足市场需求的原则

高校是为社会培养和输送人才的场所。引入体验式教学是否成功还要接受市场的检验。因此,市场营销相关课程引入体验式教学时,一

定要以满足市场需求为原则,根据市场需求去培养人才和输送人才。市场营销学是离社会和市场最近的科学之一。市场营销专业的人才是要服务于地方经济和市场的,地方经济和市场需求怎么变化,体验式教学的内容就怎么调整。比如,大连大学市场营销专业的学生主要是服务于大连市地方经济和市场的,因此,在体验式教学中,市场营销相关课程尽量突出大连地区和市场的特色,比如,课程设计中增加软件、服装、零售等行业营销的内容,课堂上通过背景介绍、案例讨论等,提高学生未来服务于地方经济和市场的能力。

(二)市场营销相关课程引入体验式教学的实施办法

根据上述指导原则,在体验式教学引入市场营销相关课程中,可采取主题案例讨论、热点问题短评、情境化教学、计算机模拟演练、参加创业计划和营销策划大赛、参与企业实践、加大实践性任务在考评中的比重等形式。

1. 主题案例讨论

根据市场营销相关课程的具体内容,教师筛选和设定案例讨论的主题。教师可以在上课前一周,事先将案例讨论的背景资料发到学生的手中,有时也可以在上课时才将案例讨论的背景资料发到学生的手中。在正式上课时,将学生分成若干个小组进行讨论,小组讨论完毕后请小组派一位代表发言,并由公开选出的学生评委进行打分。在案例讨论中,作为引导者,教师一方面要掌控案例讨论的节奏,另一方面还要对案例讨论的结果进行总结和反馈。

2. 热点问题短评

主题案例讨论的重要性无可厚非,但是它的局限性在于:不能让每一个学生都有展现个性和表达主张的机会。热点问题短评无疑可以弥补这一不足。热点问题短评的任务是事先布置的,利用每次第一堂课的前5—8分钟,准备发言的学生提前准备、自己选择社会的热点问题,并从市场营销相关课程的角度进行评论。在作者所讲的《品牌管理》这门课上,一名学生就对三鹿奶粉的三聚氰胺事件,从品牌内涵的角度进行了短评,此法实施以来受到了学生的一致欢迎。

3. 情境化教学

情境化教学是指在市场营销相关课程引入体验式教学中,创设现实生活的场景,让教师和学生在其中扮演不同的角色,让学生获得直观的感受,并提高学生解决现实生活问题的能力。比如,在《推销学》课程中设计的情境化体验内容:创设一个商店的场景,让一些学生扮演售货员,教师扮演公司经理,其他学生扮演顾客,展现和感受不同的推销技巧及其效果。

4. 计算机模拟演练

在这里,计算机模拟演练是指运用计算机技术模拟现实企业的经营环境,供学生进行企业经营的演练。目前,计算机模拟演练已经广泛地应用到国内 MBA(工商管理硕士)的教学中,并取得了非常好的效果。具体而言,编制一套软件来模拟产品的市场运行机制,让学生组成虚拟公司在竞争环境中进行产品经营。其中,决策变量包括产品规格、市场价格、促销费用、零售渠道等,经营结果包括市场份额、净利润、行业排名等。因该法要求学生有比较完备的知识体系,故建议在大学三、四年级的学生中使用。

5. 参加创业计划和营销策划大赛

体验式教学还要走出课堂,充分利用政府、学校和院系的资源,鼓励学生积极参加国家、省市、学校和院系举办的创业计划与营销策划大赛等活动。作为引导者,教师可以向学生介绍一些撰写创业计划书和营销策划案的书籍。以大连大学举办的第四届"挑战杯"创业计划大赛为例,

由于领导重视、教师支持、学生参与,这次大赛举办得十分成功。期间,全校共有131项作品报名参加,参赛人数达1,200余人,最终有87项作品进入决赛。项目类别涉及电子类、机械类、生化类和服务类。还可以让学生组队一起参加全国大学生"中国策"营销策划大赛等活动。大连大学经济管理学院2006级市场营销专业的韦江平、李季等同学组成团队的参赛作品还获得了"中国策"2009年度的"佳作奖"。通过此类活动,学生的创业创新意识得到了加强,营销策划能力得到了提高,学科之间的交叉变得更密切了。

6. 参与企业实践

体验式教学不仅要走出课堂,还要走出学校、走进企业,积极参与企业实践。在市场营销相关课程的教学过程中,应多次组织学生到企业进行现场参观和实习操作,通过对企业营销活动的实地观察与体验,增加学生的感性认识,从而将理论和实践有机地结合起来。作者曾经带领市场营销专业的学生,在大连市开发区的一家食品厂进行了为期两周的业务实习。通过业务实习,学生发现了企业存在的严重问题:比如,企业销售人员供货不及时、塑料袋破损引发的豆浆变质、不注重品牌建设等,还将问题和建议提交给该企业的领导层,并引起该企业领导层的高度关注。

7. 加大实践性任务在考评中的比重

以前,大连大学市场营销相关课程的考评办法是这样的:平时成绩占30%,期末卷面成绩占70%。引入体验式教学后,教师应遵照循序渐进的原则、以学生为中心的原则、满足市场需求的原则,改变重期末卷面成绩而轻平时成绩的传统做法,加大平时成绩的比重,即平时成绩占50%,期末卷面成绩占50%,并根据具体情况逐渐增加平时成绩在考评中的比重。而平时成绩主要由主题案例讨论、热点问题短评、情境化教学、计算机模拟演练、参加创业计划和营销策划大赛、参与企业实践等实践性任务构成。

　　总之,高校市场营销相关课程引入体验式教学,既是培养合格营销人才的需要,又是营销课程改革探索的需要。体验式教学是一种以学生为中心的教学模式,是一种个性化的教学模式,也是一种素质导向的教学模式。它在提高教学效果和培养学生能力方面具有不可替代的作用。随着体验式教学的深入发展和不断完善,体验式教学必将成为市场营销相关课程教学实践的一大亮点。

第二节　市场营销相关课程应推行 "五化" 教学法

　　课程教学方法的改革,是高校教学研究永恒的课题,也是提高教学质量的关键。随着学生们对教学过程中快乐指数要求的不断提高,广大高校教师越来越关注学生们的快乐体验问题。与高等院校的其他课程相比,市场营销相关课程,包括市场营销学、服务营销学、消费者行为学、国际市场营销学、品牌管理、公共关系学、推销学、广告策划与管理、市场调查等,无疑是应用性、专业性、实战性极强的课程。作为离社会和市场最近的课程,学生们对市场营销相关课程的教学方法和教学质量的预期与要求极高。为了达成并超过学生们的预期和要求,市场营销相关课程教学必须构建"以快乐体验为中心"的教学模式。作者经过尝试和探索,认为"以快乐体验为中心"的教学模式就是在课程教学方法上要体现"五化",即故事化、体验化、案例化、趣味化和知识化(见图 5-1)。很大程度上讲,"五化"教学法是体验式教学的深化和拓展。

一、故事化教学:理论因故事而生动

　　在高校市场营销相关课程的教学过程中,我们普遍发现这样的现象:学生们一听到干巴巴的理论就趴在桌子上睡觉,一听到新鲜的事情

图 5-1 "以快乐体验为中心"的"五化"教学法

全都竖起耳朵听。许多教师对此总是责怪学生主次颠倒，抱怨学生怎么那么不理解教师的辛苦。那么，怎样才能解决理论课枯燥的问题呢？一个非常好的方法就是将理论教学故事化。爱因斯坦曾经说过："教育应该使提供的东西，让学生作为一种宝贵的礼物来享受，而不是作为一种艰苦的任务要他负担。"教师精彩地讲述生动感人的营销故事，不仅能够加深学生们对营销理论的理解，更重要的是它还能激发学生们的学习兴趣。有时候，生动感人的营销故事可令人终生难忘。

譬如，为了说明广告的作用，让学生们真正掌握理论要点，教师可以首先给学生们讲述一个感人至深的故事：乍暖还寒的初春，一个衣衫褴褛、失明的老人在自己的前面摆了一块木牌，木牌上写着："我什么也看不见。"路人行色匆匆，无人施舍一点点钱物给这个老人。一个广告人看到这一幕，便轻轻地蹲下身，用半截粉笔在木牌上加上了一句话："春天来了。"广告人离开后，奇迹出现了，很多人争先恐后地将钱物施舍给这个老人，这一切让老人十分吃惊。"春天来了，我什么也看不见"，多好的

190

广告词啊！这个故事不仅令学生们深深地感动，而且还让学生们了解到广告的作用，体悟到好的广告词贵在打动人心。

二、体验化教学：让学生参与其中

作者曾经问过市场营销专业的毕业生：市场营销相关课程有用吗？你学到东西了吗？许多学生的回答大多是不置可否，表情十分茫然。为什么会出现这种现象？问题在于：他们大脑中装的全是理论，这些理论到底怎么用则心里一点底儿也没有。以上情况已充分说明高校在培养市场营销专业人才方面存在很大缺陷。一直以来，在市场营销相关课程的教学上，高校教师更多强调的是学生的"学"，而忽视了学生的"用"。那么，怎样才能解决学生"学"与"用"的矛盾呢？答案就是将营销教学体验化，让学生参与其中，增加学以致用的机会和能力。

正如前面所说，体验就是个体亲历某一事件或情境的知、情、意、行的过程。孔子云："吾听吾忘，吾见吾记，吾做吾悟。"另据人们的生活经验发现：用眼睛看到的信息，只能记住 10%；用耳朵听到的信息，只能记住 20%；但亲身体验过的事情，则能记住 80%（常英，2006）。与传统的教学方法不同，体验化教学强调学生在课堂上要"以身体之，以心验之"，重视身体力行、内心感悟和经验的归纳与总结，故十分有利于提高学生的学习效果。

体验化教学可以分为两种类型：一种是基于模拟情境的体验化教学，另一种是基于真实情境的体验化教学。基于模拟情境的体验化教学包括角色扮演法和计算机模拟法等形式。比如，《服务营销学》就可以采用角色扮演法：让同学们组成不同小组，结合不同主题在课堂上表演情景短剧，每组中有些学生扮演商场售货员，有些学生扮演商场经理，有些学生扮演顾客，让他们全部参与其中，亲身见证服务人员的"听、说、笑、动"等方面的服务技巧及其不同效果（详见本章后面的营销教学案例）。

基于真实情境的体验化教学包括将课堂搬到企业(走出去)和将企业搬到课堂(请进来)等形式。比如,《市场调查》就可以采用将课堂搬到企业的形式:让学生们亲自到某个企业进行市场调查,根据调查结果最后形成市场调查报告。对学生来说,通过体验化教学一方面增加了实战演练的机会,另一方面提高了发现问题、分析问题和解决问题的能力。

三、案例化教学:学生成为了真正的主角

在传统的营销教学过程中,教师是主角,学生是配角;学生被动地接受教师给出的知识,学生的依赖性很强、创新性很差。很明显,这样的学生是难以承担企业交付的营销任务和工作的。与传统的教学法不同,案例化教学将学生从后台推到了前台,使之成为教学中真正的主角。案例化教学不仅有利于提高学生独立分析、思考和解决问题的能力,而且有利于培养学生之间相互合作、取长补短的意识和观念。简言之,这种教学法对培养学生的综合素质和团队精神是十分有益的。

案例化教学的首要环节就是选择合适的营销案例。案例选择是否合适,直接影响案例化教学的效果,选择合适的案例是案例化教学成功的关键。根据作者的教学经验,营销案例以国内为主、国外为辅为好。有了合适的案例还要有可行的实施方法。实施方法可以分两种:第一种是预先准备的,即在上课前一周,教师事先将案例的背景资料发到学生的手中;第二种是上课时现场准备的,即在上课时,才正式将案例的背景资料发到学生的手中。两种方法都将学生分成若干个小组进行讨论(每组6—8人),小组讨论完毕后请小组派一位代表发言,并由公开选出的学生评委进行打分。两种方法可以根据教学计划穿插进行。第一种方法主要锻炼学生们查阅资料、调查研究等深耕的能力;第二种方法主要锻炼学生们应急反应、团队合作等应变的能力。实践证明,两种方法相得益彰、互为补充,对学生综合素质和团队精神的培养帮助很大。

四、趣味化教学：寓教于趣，感受快乐

爱因斯坦曾经说过："兴趣是最好的老师。"孔子亦云："知之者不如好之者，好知者不如乐之者。"可见，激发学生的学习兴趣是提高教学质量的前提和保证。在市场营销相关课程的教学过程中，如何激发学生的学习兴趣并提高课堂的教学质量呢？方法之一就是将营销教学趣味化。具体而言，就是用诙谐幽默的语言去吸引人，用生动活泼的表演去感染人，用时尚流行的音乐去打动人。也就是，让学生们在轻松愉悦的氛围中成长，真正感受到学习的快乐。

这里，以"用诙谐幽默的语言去吸引人"为例。在市场营销学的教学过程中，为了说明影响消费者购买行为的因素，使学生们轻松地把握理论精髓，教师可以用幽默的语言给学生们讲述一个非常有意思的现象：鲜花总爱插在牛粪上。学生们的兴趣非常大，在轻松的氛围中学生们明白了：因为"牛粪"了解"鲜花"的好恶，又结合自身的特点，扬长避短，最终让"鲜花"选择了"牛粪"。趁热打铁，让学生们分析有些优质的产品为什么会输给逊于自己的对手，引导他们用专业的观点去分析，最终得出了结论：因"牛粪"投消费者——"鲜花"所好，所以效果比较理想（马爱军，2006）。这种诙谐幽默的语言风格不仅让学生们轻松地把握了理论精髓，即了解影响消费者购买行为的因素，而且还激发了学生们学习的兴趣，真正感受到学习的快乐。

五、知识化教学："五化"教学法的基础

市场营销相关课程，即市场营销学、服务营销学、消费者行为学、国际市场营销学、品牌管理、公共关系学、推销学、广告策划与管理、市场调查等，都是人类智慧的结晶，它们各自有着不同的知识体系，并随着社会的进步而不断完善和发展。学者们普遍认为，在教师的许多特殊活动

中,我们可以找到的共同内容就是知识操作,只是发现、保存、提炼、传授和应用知识的工作组合形式有所不同罢了(伯顿·R.克拉克,1994;刘旭,2002)。在某种意义上讲,知识化教学是其他教学方法的基础。没有教学的知识化,就没有教学的故事化、体验化、案例化和趣味化。

当然,知识化教学不是盲目的知识化,而是科学的知识化。近些年,高校市场营销相关课程的改革始终难以走出"课程数目过多、知识量过大"的泥沼。课程数目的增多和知识量的加大,常常令市场营销专业的教师和学生苦不堪言。比如,一名教师刚刚熟悉了一门新课,马上又转入另一门新课,天天疲于奔命,很难保证教学的质量;同学们由于课程数目过多、知识量过大,复习时只能蜻蜓点水,考试前要求教师划一下范围。很明显,这种现象就是盲目的知识化,而不是科学的知识化。作为"五化"教学法的基础,知识化教学应遵循客观规律,科学地规划课程数目和知识容量,力图在"精"、"专"和"特"上做文章。拥有了这样的知识化教学,培养的学生才能与众不同并有所成就。

人类的终极目标是什么?追求快乐。作为精神产品,高等教育就是为了让人远离贫穷和落后,从而过得快乐和幸福。在市场营销相关课程的教学过程中,怎样才能让学生尽享学习的快乐呢?答案就是构建"以快乐体验为中心"的教学模式。在课程教学方法上,追求"五化",即故事化、体验化、案例化、趣味化和知识化。当然,"五化"教学法之间不是相互割裂的,而是相互融合的。"五化"教学法的最终目的就是让学生获得令人难忘的、尽情创造的快乐体验。

第三节　体验式教学的现有尝试、主要问题与研究设想

在本节中,主要介绍了作者所在高校市场营销专业的教师在体验式

教学上的现有尝试,指出了体验式教学实践中存在的主要问题,最后还对今后的研究设想进行了展望。

一、体验式教学的现有尝试

在体验式教学方面,目前大连大学市场营销专业的一些教师已经做了一些有益的尝试。

(一)《品牌管理》让学生在自主中学习

《品牌管理》课程的教师每次课后都给某位学生布置一项作业,让他(她)在下堂课课前用5—8分钟的时间,结合社会热点和知识要点向同学们介绍一个小的品牌营销故事,并对此进行评述。其他同学可以就这位学生的评述提出自己的个人意见。这种自主学习的模式,不仅锻炼了学生们的思维能力,而且锻炼了他(她)们的表达能力。

(二)《公共关系学》让学生在合作中学习

《公共关系学》课程的教师改革了期中考试的方式,让学生自由组团,就自己感兴趣的公关话题,通过与众不同的形式,在讲台上表现出来。考核过程中,我们看到:同学们各出奇招,有的采取小品的形式,有的采取新闻联播的形式……讲台上,团队成员互相配合,各个团队互相竞争。通过这种考试方式,学生成了真正的主角,大大激发了同学们的合作精神和创新能力。

(三)《推销学》、《服务营销学》让学生在情境中学习

《推销学》、《服务营销学》课程的教师就常见的推销、服务问题,设定某个生活场景让学生现场表演并发表自己的见解。生活场景让推销知识、服务技巧的展示有了很好的立足点,因此《推销学》、《服务营销学》不再显得那么空洞。由于设定某个生活场景,让学生在课堂上现场表演,可最大限度地考察和锻炼一个学生的实际能力。从现有的尝试上发现,情境教学模式有两点好处:一是可以让《推销学》、《服务营销学》变得真实生动,二是可以让学生的推销能力和服务技巧得到显著的提高。

二、体验式教学实践中存在的主要问题

本书以大连大学市场营销专业的教师为例,指出其在体验式教学实践中存在的主要问题。

(一)观念问题

由于受传统教学模式的影响,有些教师对体验式教学缺乏正确的认识,片面地认为体验式教学就是"新瓶装旧酒",没有什么新东西。因此,在市场营销相关课程引入体验式教学中积极性不是很高。

(二)体验式教学进度慢的问题

在体验式教学进行第一轮的教学过程中,由于课堂上同学们的互动环节较多,导致体验式教学的进度较慢。另外,个别市场营销相关课程由于进度较慢的原因,课堂上不少课程内容没有涉及,最终导致该课程

体系不够完整。

(三)大班授课的条件下如何开展体验式教学的问题

由于市场营销专业个别课程选课的人数较多,有时高达上百人,以至于体验式教学无法有效地开展。

(四)教师的时间和精力大量付出的问题

较之传统的教学模式,体验式教学上课前教师需要更多的筹划和准备工作,因此会花费教师大量的时间和精力。另外,许多教师大都承担多门课的教学任务,倘若每门课都采取体验式教学这种模式,如何保证每门课的教学质量也是一个值得关注的问题。

(五)学生"搭便车"以及教师对每个学生的准确考评问题

在考评方面,体验式教学加大了实践性任务的成绩在总成绩中的比重。很多时候,实践性任务往往要靠学生组成团队来完成。在各个团队完成实践性任务的过程中,总有个别学生因各种原因而"搭便车",这种现象会影响到教师无法准确地考评这些学生。因此,构建科学合理的考评体系,有效地遏制学生"搭便车"的现象,是高校营销专业教师今后一项十分重要的任务。

(六)不同知识点的整合问题

在体验式教学的过程中,学生主要是通过实践性的任务环节加深其

对各章节知识点的理解。但是,由于学生认知能力的差异,可能会造成他们对整个课程体系把握的不是很完整。比如,因每堂课讨论的是不同的案例和项目,缺乏一条主线将不同的知识点有机地整合起来,最终导致一些学生不能一体化地运用营销知识。

三、今后的研究设想

作者认为,今后体验式教学的实践和研究工作可以从以下四个方面展开。

一是不断地学习国内外关于体验式教学的新理论和新方法,用最新的成果来指导和促进今后体验式教学的实践和研究工作。比如,我们可以借鉴全球模拟公司联合体中国中心的"行动导向教学法"的教学和研究成果,努力把体验式教学与创业能力的培养有机地结合起来。

二是以点带面,吸引更多教师的参与,群策群力共同将体验式教学引向深入。

三是加强与其他高校的交流和合作,吸取他们在市场营销相关课程教学方面的成功经验。2010 年 7 月 17 日—18 日,大连大学经济管理学院主办了"2010 东北亚区域合作与管理论坛"。作者参加了其中的"企业管理、人力资源管理、市场营销"分会场的专题讨论。在专题讨论中,来自不同高校的教师代表首先就其在实践教学和科学研究方面所取得的成果进行了汇报,入会教师积极地参与了讨论。会上,虽然涉及的学科和领域较广,但是作者和其他教师的收获都很大。

四是探讨将课程不同知识点有效整合的方法。比如,课程伊始,教师可以让学生组成团队,共同拟定一个创业项目;教师将整个课程的知识点划分为不同的模块,不同的模块对应不同的知识点,课上课下通过完成所有模块的任务,借此将整个课程的知识点有机地整合起来。最后,课程结束了,整个创业项目的营销分析也完成了。

营销教学案例　两部由学生导演的情景短剧

情景短剧之一:一瓶无辜的酸奶

(一)前情介绍

　　一位农村老奶奶因为儿子、儿媳挣到钱了,带着多年跟自己住在农村的孙子来到儿子所在的城市旅游。由于文化程度不高,在超市内误将酸奶当成牛奶,发现孙子喝的酸奶有酸味后,老奶奶便找到出售酸奶的促销员进行理论。对于这样的意外情况,最后超市的酸奶促销员与超市经理是怎样解决该问题的呢?请看情景短剧——一瓶无辜的酸奶。

(二)角色分配

老奶奶——隋欣	饰	孙子——杜渐	饰
酸奶促销员——谢钦	饰	超市经理——许贵生	饰
采购人员丹丹——徐丹丹	饰	采购人员欧阳——欧阳墨馨	饰

(三)短剧剧本

第一幕:祖孙来到大城市

(彩铃"赚钱了"的音乐迅速响起。)

奶奶:赚钱了,赚钱了,我有钱给孙子花,看我连兜里衣服都有俩。(手领着自己的孙子上场。)

孙子:奶奶,这儿真好。

奶奶:终于进城了。你看这大楼这么高,(随手指着边上的观众)这帅哥这么帅,这美女这么俊。

孙子,你高不高兴啊?

孙子:高兴!(做欢蹦乱跳状。)

奶奶:好啊!那你就撒欢儿地跑吧。(孙子随即跑了起来。)

第二幕:酸奶柜台前

采购人员欧阳:丹丹,你说咱们单位买什么东西比较好呢?

采购人员丹丹:每年劳保用品的采购都很麻烦,这时真想不出买什么东西好了。

采购人员欧阳:你看这个怎么样?

采购人员丹丹:嗯,不错不错,但就是太贵了,预算不允许啊!

采购人员欧阳:那这个呢(指着酸奶)?

采购人员丹丹:这个可能是新产品吧,也不知道口味怎么样?

(酸奶促销员不知从哪儿钻了出来。)

酸奶促销员:美女,买点儿酸奶吧,现在酸奶打折,自己喝或送人都很划算。

(采购人员丹丹、欧阳心里一惊。)

采购人员丹丹:哦,我们还是再看看吧。

采购人员欧阳:对,我们再看看吧。

采购人员丹丹:现在的90后,真是的。

(孙子吵着要喝奶,祖孙俩也来到了酸奶柜台前。)

孙子:(拉住奶奶的衣角)奶奶,我渴了。

奶奶:那咱们去买一瓶水。

孙子:不嘛不嘛,我要喝奶!

奶奶:好啊!什么贵咱买什么,你喝什么就给你买什么。

酸奶促销员：老太太,买点儿酸奶吧。您看这孩子渴的,脸都白了。(孙子本来长得就很白。)

奶奶：孙子,你喝么?

孙子：喝,喝,快给我买一瓶吧。

奶奶：孙子,你还剩多少钱?

孙子：两块五。

奶奶：这个便宜不便宜?

酸奶促销员：便宜,便宜。

奶奶：那多少钱?

酸奶促销员：两块四。还买一送一,多划算啊!

奶奶：哈哈,还剩一毛线,来两瓶吧。

酸奶促销员：老太太真敞亮。有空再来啊!

(奶奶拉着孙子走了。这时,采购人员欧阳、丹丹刚好又转到酸奶柜台。)

采购人员欧阳：丹丹,昨天你去相亲,结果怎么样?

采购人员丹丹：别提了,那男的一共露了五颗牙齿,其中三颗牙齿的牙缝里全都塞着韭菜。我算服了,这都是什么货色啊!

采购人员欧阳：那还有戏儿么?

采购人员丹丹：这个真的没有,也别光说我了,你那个定了么?

采购人员欧阳：和谁定呀? 这世道,好男人越来越少了,可怜咱们这两朵儿花了。

第三幕:这奶怎么是酸的

孙子：奶奶,这奶怎么是酸的?

奶奶：不可能,大城市的奶就这样。

孙子：奶奶,真的是酸的,真的是酸的,不信您尝尝?

奶奶：我尝尝(喝了一口酸奶),孙子,还真是酸的。走,奶奶带你去找她,简直是太欺负人了!

孙子:对,找她去。

(于是,祖孙俩又回到了酸奶柜台。)

酸奶促销员:呀!又来了,老太太,怎么样?不错吧!孙子又渴了?

奶奶:你们这奶怎么是酸的?

酸奶促销员:酸奶就是酸的啊!

奶奶:你刚才不是说现挤的吗?

酸奶促销员:我从没说过是现挤的,我说的是酸奶啊!

奶奶:酸奶?几百年老牛产的奶啊!都酸了?

酸奶促销员:您看这是今天才来的酸奶。

奶奶:那你喝喝这是不是酸的?

酸奶促销员:酸奶能不是酸的吗?

奶奶:那你说怎么是酸的?

酸奶促销员:它就是酸奶!

奶奶:怎么是酸的?

酸奶促销员:它就是酸奶!

奶奶:怎么是酸的?

酸奶促销员:它就是酸奶!

奶奶:怎么是酸的?

(越吵声音越大,最后,酸奶促销员干脆把手中的促销产品都扔了。)

孙子:你是坏人,你是坏人,欺负我奶奶。

(采购人员丹丹、欧阳见状,连忙上前拉架。拉开之后,双方还在激烈地争吵着)

奶奶:(坐在地上大哭,并大喊)谁来评评理啊!她太欺负我这老太婆了。

(此时,超市经理正好经过。)

第四幕:优质服务获得意外利润

超市经理:(问酸奶促销员)发生什么事情了?

酸奶促销员:(娇滴滴地说)经理,老太太非说这酸奶不该是酸的。

超市经理:大妈,我是这里的经理,您别哭了,您有什么事请跟我说。

奶奶:这奶是酸的。你是经理啊!你给评评理。

超市经理:这个是我们的失误,事前没有和您解释清楚什么是酸奶。

奶奶:你看把孩子吓的。

超市经理:(转向酸奶促销员说)情况我知道了,以后再有这种事情发生,要事先向顾客解释,再怎么也不能与顾客吵起来呀!更何况老太太这么大岁数,快给大妈道个歉。

酸奶促销员:对不起。

奶奶:我没听见。

酸奶促销员:对不起。

奶奶:这么点儿声,我听不清楚。

酸奶促销员:大妈,不好意思。

奶奶:你看给俺孙子吓的,(对孙子说)你还害不害怕了?

孙子:不怕了。

奶奶:不怕了,那就原谅你了。

("下蛋公鸡,公鸡中的战斗鸡。"老奶奶随着彩铃做出了斗争胜利的动作。)

超市经理:大妈请您等一下,我们这种酸奶是一种对身体十分有益的健康饮品。它里面含有丰富的有益菌。

奶奶:怎么还有菌啊?

超市经理:是乳酸菌,一种促进肠胃消化,对身体很好的菌。今天,我们送给您一些酸奶,您带回去给您的家人尝尝。如果满意的话,我们还可以给您送货。(同时,递上了自己的名片。)

奶奶:这小伙子真好,他爷爷怎么没告诉我酸奶这回事儿呢?真是丢死人了。

（在一旁观看的采购人员丹丹、欧阳决定要订购这种酸奶作为她们单位的劳保用品。）

采购人员丹丹：欧阳，咱们就订这个吧。他的服务态度这么好，酸奶的品质肯定也过硬。

采购人员欧阳：是啊是啊，我觉得他好帅啊！

采购人员丹丹：（上前和超市经理握了一下手）刚才看你的态度和做法都很不错，我们相信你们超市酸奶的品质，想从你们这里订购这种酸奶作为我们单位的劳保用品。

（采购人员欧阳在旁边向超市经理连抛媚眼。）

超市经理：首先谢谢您对我们超市的肯定与信任。我是这里的负责人，这是我的名片。如果您订得多的话，我们可以免费给您送货，此外，我也会根据您的订货量给您打个折扣。

采购人员丹丹：好的，我们回去计算一下数量，会尽快和你联络。

采购人员欧阳：（深情地说）放心吧，很快的。

超市经理：（对采购人员欧阳说）对了，不知道您方不方便留下联系方式。

采购人员欧阳：当然可以。

（采购人员欧阳给超市经理留下了自己的手机号码。）

采购人员丹丹：我们先走了。

超市经理：好，等您们的好消息。请慢走。

剧终

（该情景短剧由大连大学 2007 级市场营销专业的六位学生：徐丹丹、隋欣、欧阳墨馨、谢钦、许贵生、杜渐撰写并提供。）

情景短剧之二:坏掉的手机包装盒

(一)前情介绍

　　张妈给儿子买了一部诺基亚手机,可是没过几天手机就出现了自动关机的问题。在诺基亚客户服务中心,该手机被鉴定确实有质量问题。由于没过包退期,于是张妈带着儿子到原先的诺基亚手机的专卖柜台要求退货。

(二)角色分配

张妈——张强　　　　饰　　　　儿子——黄佐　　　　饰
销售员小于——于连　饰　　　　销售主任——曲鹭鹭　饰

(三)短剧剧本

第一幕:张妈与销售员的争论

销售员:您好! 欢迎光临诺基亚。

张妈:你好! 我前段时间在这里买了一台 E66,回家后发现它总是自动关机,这是怎么回事儿?

(张妈将手机和发票交给销售员。)

销售员:电池的电充满了吗?

张妈:都是按照说明书介绍的,前三次关机充电 12—14 小时。

销售员:没有对手机进行自动关机设置吗?

儿子:没有,我还不会摆弄那些功能呢?

(销售员开机过后,检查了一下。)

销售员：对不起，具体情况我们无法检测，你需要带着手机、发票和保修卡，到客户服务中心去进行咨询、检测。

张妈：我们刚刚去过，他们给我开了一个检测单。

（张妈将检测单递给销售员，销售员看了一会儿。）

销售员：请把手机配件和发票给我，我给你办理相关手续。

（张妈又将手机配件递给销售员，销售员仔细检查。）

销售员：对不起，女士！这个退不了。

张妈：为什么退不了？配件不都在这儿吗？

销售员：虽然配件齐全，但是由于这个手机包装盒破碎了，所以我们不能给你办理退货。

儿子：我买手机的时候你怎么没说？退手机怎么那么多事儿！

（儿子有点儿发火，张妈的态度也有所转变。）

张妈：包装盒就这样了，你想怎么办？到底能不能退？

销售员：现在退不了，如果你想退的话，那就需要换一个好的盒，我才能给你办理。

儿子：我们去哪儿弄？难道再买一个一模一样的，然后才能把这个退了？

张妈：我们现在没有盒，你能不能退吧？

（由于母子两人的态度有些强硬，销售员提高了嗓音。）

销售员：我真的不能给你退，你可以去客服看看，有没有新盒买一个，我再给你退。如果没有，真的就退不了了。

儿子：你们真他妈的事儿多！

张妈：你先给我退了，押些钱给你，我现在去其他地方买个新的给你送过来。

销售员：请注意言辞！我们商场不允许收顾客押金，所以你最好是买完后再回来办理。

（由于双方声音越来越大，吸引了更多的顾客关注，也把销售主任吸引了过来。）

第二幕：主任出面解决了问题

销售主任：小于，发生了什么事情？

（销售员将事情的经过跟销售主任说了一遍。）

销售主任：您好！张女士。我是这里的销售主任。

张妈：你们的销售员态度怎么那么差，对待顾客大吼大叫的。

销售主任：实在对不起，张女士。这位销售员的态度确实不好，可能买的时候，他没有跟您强调这个包装盒的问题，这是我们的失误，我想您购买我们的产品是对我们的信任，出现这样的问题我们也觉得很抱歉。

（张妈的态度稍微缓和了一些。）

张妈：到底可不可以退货？

销售主任：这个包装盒确实是一部手机只有一个的，如果您想退货的话我们真的无能为力。要不这样吧，我们给您换一部新的同款手机，但是包装盒我们不给您，您看可以吗？

（张妈犹豫了一会儿。）

张妈：这样啊……那只能这样了。

（销售员拿了一部新手机递给张妈。）

销售主任：您再检查一下看看有没有问题？

（张妈和儿子仔细检查了一遍。）

儿子：没什么问题。

销售主任：那好。为了表示我们的歉意，我们将送给您一块手机电池。

（儿子接过手机电池，母子俩态度转变，脸上露出了笑容。）

儿子：那谢谢了！

销售主任：不客气，本来就是我们做得不对。

（母子准备离开。）

销售主任：欢迎下次光临！（并将母子俩送到了门口。）

剧终

（该情景短剧由大连大学 2007 级市场营销专业的四名学生：张强、曲鹭鹭、于连、黄佐撰写并提供。）

[本书点评]

这是作者在所讲的《服务营销学》的一次课上给同学们布置的一项作业。

这次课上，作者创设了一个服务情景：某女士从某服务机构购买了一种产品，买完后发现这种产品有质量问题；于是，这个女士找到原先的服务人员要求退货；但是，这个服务人员态度十分恶劣，坚决不予退货；最后，顾客与服务人员发生了激烈的冲突。该服务机构的经理知道后马上前来处理，假如你是这位经理，你将如何处理这个问题？

作者让同学们组成不同的小组，每个小组根据生活经验编写情景短剧剧本，并结合剧本和组员的情况进行角色分配。多次排练后，第二次课每个小组将在课堂上向全体同学进行现场表演。

第二次课上，同学们的努力终于得到了回报，每个小组的现场表演都十分精彩。表演完毕，同学们还从全部的表演者中评选出最佳男主角、最佳女主角、最受欢迎男主角、最受欢迎女主角各一名。亲历体验式教学的整个过程，同学们的收获是多方面的：第一，体味了学习的愉悦、创造的快乐；第二，锻炼了服务人员必备的服务技巧和能力；第三，懂得了交流，学会了合作，知道了分享。

作者时常为所讲课程的乏善可陈而苦恼，时常为学生作业的东拼西凑而无奈。这次还算满意的尝试告诉我自己：学生的潜能是巨大的，关键在于教师应给他（她）们一方展示才华的舞台。

学习应该是快乐的，教学也应该是快乐的！

第六章 市场杂谈——
世纪之交的思考

第六章主要介绍：站在 20 世纪和 21 世纪之交，作者对当时的热点问题所进行的思考。

第一节 企业常胜的秘诀：创新无止境 [1]

遍观中国时下的企业，我们不难发现一种现象：曾经名噪一时的企业比比皆是，能够闻名一世的企业却寥寥无几。也许，你不禁会问：其原因何在？

请看看这样一件曾引起强烈社会反响的企业经营案例，或许你从中能找出答案。于 1989 年 5 月开业的郑州亚细亚商场，是我国最早的股份制商业企业。1993 年，经扩股改组为郑州亚细亚集团公司。创业初期，亚细亚以其灵活的机制、"顾客至上"的服务理念和出奇制胜的公关营销术，在当时商界一片"疲软"声中脱颖而出。但是今非昔比，截至 1997 年年底，前几年销售额一直居郑州各大商场前茅的亚细亚商场滑

---

[1] 温韬：《企业常胜的秘诀：创新无止境》，《大连日报》，1998 年 8 月 20 日，第 10 版。

到全市七大商场中倒数第二位,集团总负债 6.15 亿元,资产负债率达
168%,已严重资不抵债,濒临倒闭。

郑州亚细亚几年间由鼎盛迅速滑向衰败,其原因是多方面的。其中
一个关键因素就是企业缺乏持之以恒的创新机制。随着亚细亚集团摊
子越铺越大,创业初期曾给亚细亚带来生机和活力的灵活机制不见了,
使得不调整经营方略的亚细亚走进了死胡同。

企业的经营环境是不断发展变化的。商场即战场,一个成功的企业
必须不断地根据环境的变化调整自己的经营方略。不顾环境变化一味
死守传统的经营方式和经营领域、不知创新的企业,终将被时代所淘汰。
亚细亚从一个层面上告诉我们企业创新的重要性。

概括地讲,企业创新包括产品创新和机制创新两个方面,二者相辅
相成,缺一不可。产品创新是企业赖以生存和发展的必要条件。因为企
业的存在价值是由其提供给市场的产品决定的。企业提供的产品技术
越先进、质量越上乘、价格越低廉,企业的生命力、竞争力就越强,反之亦
然。实践证明:企业的发展,在很大程度上归功于企业对产品质量的精
益求精和在产品开发、技术创新方面的巨大热情。而没有机制创新的企
业,它的其他创新活动是不可能维持长久的。在这一点上,硅谷的成功
或许能给时下的企业一定的启示。在世界许多地方,决策上的失误是一
种耻辱,会断送人的前程;而在硅谷,对失败却极为宽容,许多公司奖赏
那些甘冒风险的人,而不是惩罚因冒险而遭到失败的人,公司习惯于对
做出贡献的人给予重奖,慷慨地给予公司股份。正是这种创新的机制激
励着年轻的硅谷人,为了获得成功敢冒一切风险,并不断地创新、创新、
再创新。相反,若没有创新机制的不断"加油",企业创新这台"大机器"
就会生锈、老化甚至废弃。

在企业创新方面,我们的企业需要学会的是引进和自主创新两条腿
走路。引进必须建立在自主创新的基础上,因为没有自主创新,结局只

会是永远地被动挨打。自主创新才是根本。

　　一时的创新也许容易，一世的创新却很难。企业一个常胜的秘诀：创新无止境。

第二节　让知识叩开再就业的大门[①]

　　产业结构的调整，特别是高新技术产业的发展，为我国就业领域的拓宽开辟了新的前景。科学技术的日新月异以及经济的全球化趋势，一方面创造了许多新的就业机会，仅我国的国家和地方高新技术产业开发区就已提供了200万个以上的就业机会，另一方面也减少了对一般传统产业的职工的需求，导致大批职工下岗。据抽样调查，目前我国的下岗职工约50%属下岗失业人员，部分人员生活相当困难。在下岗职工特别是失业人员较多又较集中居住的地区——老工业基地，纺织、轻工、机械、化工等行业，下岗职工就业与生活保障能力严重不足，一旦处理不好，极易激化矛盾。在此情况下，如何有效地解决产业结构调整所带来的传统产业的人员过剩与高新技术产业的人员匮乏之间的矛盾，对确保社会的稳定和失业率的降低，无疑至关重要。

　　当然，解决上述矛盾的方法和手段是多种多样的。但其中最有效的途径就是提高职工的知识水平和专业技能，即素质。因为职工只有具备了较高的科学文化水平、先进的劳动技能，才能在市场经济的大潮中站稳脚跟，才能在产业结构的调整中迅速地找到自己的位置。

　　试想一下，一个知识水平低下、缺乏专业技能的职工，怎么会在优胜劣汰的激烈的市场竞争中立于不败之地？从长期来看，解决我国再就业问题的根本出路，在于全面大幅度地提高我国职工的知识水平和专业技

---

　　① 温韬：《让知识叩开再就业的大门》，《大连日报》，1998年9月24日，第10版。

能。要让下岗职工利用下岗机会，上岗职工利用上岗机会普遍接受就业培训、转岗培训、在职培训，以便于职工更新知识，尽快地掌握适应市场需要的技能，及时地向新兴产业转移。在这一点上，借鉴美国的成功做法，或许能起到"他山之石，可以攻玉"的效果。

80年代初以来，美国大幅度地增加了教育开支，美国政府提出的目标是到21世纪初使美国成为群众性的知识社会，以适应知识经济时代的需要。与此同时，企业投入大量资金用于职工培训。美国劳工部长赫尔曼认为，最关键的是对美国人民的技能进行投资，特别是对占美国人口3/4的没有受过四年大学教育的人提供良好的教育、培训。美利坚在21世纪的全球化经济中要保持成功与繁荣，那么，美国人民在生命的每一阶段都必须接受新的知识、学习新的技能。正是基于这种终身学习理念的投资，使美国适应了高新技术产业对高素质的职工的需求，并同时带动了美国经济的腾飞。迄今美国的失业率降至4.3％，已接近"充分就业"的标准。

当然，全面大幅度地提高我国职工的素质不是一蹴而就的，它是一个循序渐进的过程。它的实现需要全社会包括政府、企业和职工的共同努力。一方面，政府和企业应重视普及就业培训，加强这方面的"软件"和"硬件"建设。另一方面，作为职工自己也应牢牢树立终身学习的理念，努力提高自身素质，克服对再培训认识不足的习惯，调整心态，积极从业。

知识经济的时代正一步一步地向我们走来，让我们牢牢记取"知识就是力量"这句名言吧，让知识去叩开再就业的大门。

第三节　灾后内需前景看好[①]

1998 年夏,我国长江、嫩江和松花江流域同时遭受了百年不遇的特大洪水,此次洪水给国家和人民的生命财产造成了巨大的损失。据统计,这次洪灾的直接经济损失就达2,484亿元。这对于目前经济尚不发达,建设资金短缺,内需不振,又外受亚洲金融危机波及的我国经济来说,无疑是雪上加霜。但与此同时,也给我国扩大内需、拉动经济增长带来了前所未有的机遇。

一般来讲,国民经济的总需求有三个组成部分,即出口需求、投资需求与消费需求。为保证一定的经济增长速度,必须促使总需求维持一定的增长,让总需求、总供给达到动态的均衡,如果出现需求不足,就会引起通货紧缩,从而影响经济增长。目前,我国经济面临的主要问题之一就是总需求不足。在亚洲金融危机的影响下,我国的出口增幅受阻。在此情况下,选择继续扩大出口的同时,通过扩大内需,即投资需求和消费需求的发展道路,对解决目前总需求的不足,确保今年 8% 的经济增长目标来说,无疑是一条十分有效的途径。我们审视灾后内需的变迁,关注灾后重建的契机,意义正在于此。

洪灾之后,百废待兴。无论是建房、修路、筑堤,还是恢复生产、转入正常生活和补充抗洪动用的物资储备等,都需要大量的钢材、水泥、砖瓦、沙石等建筑材料以及生活必需品和部分耐用消费品,也就是说,灾后重建所形成的投资需求和消费需求前景十分看好。内需的扩大,不仅有利于增加就业,拉动整个国民经济的增长,而且有利于钢铁、建材、机电、纺织和化工等行业扭亏增盈,尽快地走出困境。近期,中国政府已确立

---

① 温韬:《灾后内需前景看好》,《大连日报》,1998 年 10 月 15 日,第 10 版。

了今后一段时间加大灾后重建和加大基础设施投资力度的方案。随着今明两年新增的1,000亿元的长期国债,以及1,000亿元配套的银行贷款的陆续到位,对克服我国目前建设资金的不足、将潜在的需求转化为现实的需求意义十分重大。

当然,将潜在的需求转化为现实的需求不是一个突变过程,而是一个渐变过程。它的实现仍需一年甚至几年的时间。我们在看到主要优势的同时,也应看到:一方面,在短期内,依靠中央财政对基础设施的投入产生的一些原材料、器材、设备与药品的生产、运输和销售行为等,很难以最大利润为原则,也就意味着这些投入所创造的有限增值机会对微观经济增长的刺激效应不会明显。另一方面,这次洪灾的受灾人口高达2.3亿,在遭受严重的家园和财产损耗后,他们的日常消费只能维持在较低水平,短期内,很难出现一个消费需求猛烈扩张的高潮。

总而言之,灾后内需前景看好。我们应把目光放得更长远一点,紧紧地抓住灾后重建这一契机,努力将短期工作与长期发展有机地结合起来。

第四节　真品　真经　真营销①

搞企业,自然离不开营销。营销的重要性众所周知,问题是有不少企业把营销片面化了,认为营销就是"吹喇叭"、"搞推销"。那么,真正意义上的营销(简称真营销)到底是什么呢?以作者之见,就是"真品＋真经"。

真品是真营销的基础。所谓真品,就是名副其实的产品。实,指质量;而名,指品牌。质量与品牌是产品的两大要件。其中,品牌是标,质

---

① 温韬:《真品、真经、真营销》,《大连日报》,1998年11月26日,第10版。

量是本。买方市场下,企业竞争的核心,在很大程度上还是要落到产品竞争这一点上。因为消费者永远不变的消费原则只有一个:购买物美价廉的商品。毫无疑问,在同类产品中,企业提供给市场的产品越货真价实、越名副其实,其生命力、竞争力就越强,其营销活动就越得心应手。相反,产品名不副实,缺乏"真"字,企业的营销活动则无从谈起。

审视时下的企业,我们不难发现:许多企业都是输在自己的产品上。主要表现在两个方面,一是王婆卖瓜吹过了头,产品名过其实;二是与自己的产品谈恋爱,产品名不如实。一些企业的产品起初质量不错,但随着生产规模的扩张,渐渐地把目光全部投到品牌推广即"吹喇叭"上面去了,质量随知名度的扩大反而下降,成了"金玉其外,败絮其中",到头来,产品遭世人唾弃,企业落得效益下降甚至关门。当然,品牌的塑造也很关键,自恋无异于坐以待毙。产品的质量再好,广告宣传若没跟上,其结果只有稻草盖珍珠,好货无人知。由此可见,产品的名与实应相得益彰,不可偏废。

产品是企业经济、科技、文化等综合要素的反映,产品竞争说到底是文化力的竞争,可以说,真经是真营销的灵魂。所谓真经,就是以顾客为中心的市场营销观念。真正掌握市场营销精髓的企业,深知企业生存与发展的基本前提是满足顾客的需求。它们不仅有精干的营销队伍,而且其他人员都接受了"顾客至上"的观念。市场营销的文化观念深深植根于员工之中。本田之所以能打天下,靠的就是真经的构建。本田提供给顾客"移动工具"的商品,这是实实在在的经济活动;但本田人把这同时看作是一种满足顾客需求的文化活动,他们每日每周都在通过公司的宗旨、基本理念创造一种高质量的"移动文化",而且使企业每个部门、每个员工牢固树立一种放眼世界、服务全球、高质一流、让世界用户满意的文化意识。

当今,中国有许多企业经营者喊得最多、叫得最响的就是要企业和

员工改变传统、落后的观念,树立新的市场营销观念。然而,有些并未弄清营销观念的真正内涵,片面地认为市场营销就是强行推销和大做广告,甚至把根本不可能做到的服务水平也轻易地承诺出去,却并不明白如果他们的产品不能真正为目标顾客提供价值,他们的所作所为等于白搭。

总之,在市场营销中,真品是本,而真经是魂。企业只有具备这两方面的功夫,才能走出真正有效的营销之路。

第五节　概念经济下中国企业的尴尬 ①

1998年,是中国企业创造"概念"空前火爆的一年。从地毯式广告轰炸到白热化的标王争夺战,从白酒热至 VCD 热,从炒新闻到炒企业,华夏大地一时间"炒"声震天。对此,不少经济界人士忧心忡忡。

著名的经济学家钟朋荣先生把这种不正常的经济现象称之为"概念经济"。即相当一部分企业出于短期意识,不是通过产品品种的不断改进和质量的不断提高来创造名牌,而是致力于创造或经营一种概念,企图通过概念炒作一夜成名、一夜暴富。这一势头倘若得不到有效扼制,企业一味地玩虚的,就会造成恶性循环,继而影响我国的经济发展。

一、概念经济的主要表现

(一)地毯式的广告轰炸

国人说了几千年的"酒香不怕巷子深",如今再也无人说出口了,中

---

① 温韬:《概念经济下中国企业的尴尬》,《大连日报》,1998 年 12 月 31 日,第 11 版。

国企业从过去轻视宣传到现在重视广告,无疑是一个不小的进步。但凡事都有个度。如果转而不注重产品质量,单纯地追求广告效应,其结果只会是本末倒置,事与愿违。"播龙种收跳蚤"的秦池便是一个最好的例证。

(二)迷信策划大师

许多企业把企业振兴的希望寄托在几个策划大师身上,天真地认为抱着几个策划大师为企业出谋划策就能达到点石成金的效果。这也是一种本末倒置。

(三)概念战——炒你没商量

在品牌战、价格战、服务战已被许多中国企业所洞悉和熟稔之后,概念战又火爆登场,不少企业投身于这一怪圈。作为支柱产业的中国彩电行业,也有意无意地跻身其中。如当初某品牌彩电率先推出数字化电视的概念,很快,"数字化"几乎成为所有彩电的主流宣传用语,在媒体上愈刮愈猛。事实上,国内有专家称,中国企业生产的所谓数字电视只是在某些环节上采用了数字技术,并非真正意义上的数字式电视。

二、作茧自缚:概念经济下中国企业的尴尬

1998 年是中国企业的多事之秋,沈阳飞龙溃败、珠海巨人跌倒、山东秦池受挫……这些企业缘何相继遭遇大起大落的尴尬结局? 在很大程度上是概念经济所致。

概念经济下,企业通过概念炒作,一般钱来得快,短期内企业爆炸式成长。很多消费者在强大诱惑下本着试一试的心理,购买这种产品,确

实让这些企业发了一笔横财。但消费者很快发现质价不符，或者发现这些产品根本没有什么效用。结果呢？这些产品火了一阵子，很快又烟消云散，这是我们的一些企业开始名噪一时，短短两三年之后，便一蹶不振的主要原因。

经营与炒作是两个截然不同的概念，前者是真实的，而后者是虚假的。就企业而言，精于经营战略的企业，赢得的是长久的繁荣；而醉于概念炒作的企业，换来的只能是短暂的繁荣。

创新营销案例　苹果公司的创新文化

苹果公司史蒂夫·乔布斯的高明之处在于他具有超乎常人的洞察力，具有将电子技术转化为普通商品，并通过创新的营销手段将普通商品打造成为"酷"品牌的能力。

1997年7月的一天，由于苹果公司持续五个季度的亏损，时任首席执行官的吉尔·阿米利奥带着难以掩饰的痛苦向公司的高管们做最后的道别："到了我该离开的时候了。保重！"随后，他就转身离开了。几分钟后，史蒂夫·乔布斯出现了。他身穿短裤，足登旅游鞋，蓄着才几天长的胡须，他一边慢条斯理地旋转着座椅，一边询问苹果公司的高管们："好吧，你们告诉我这里发生了什么问题？"在听完几句语焉不详的答复之后，他跳起来并呵斥道："是我们的产品有问题！那么，产品到底有什么问题呢？"高管们再次发出一阵的咕哝声，乔布斯扯着嗓子打断了他们："我们的产品令人极为失望，它们不再有任何吸引力了！"

就这样，乔布斯在1997年重新掌管了苹果公司。10年后，苹果公司的每股价格已从7美元飙升至74美元，总市值达到了620亿美元；2010年10月14日，苹果公司的每股价格甚至超过了300美元，总市值达到了2,750亿美元，成为仅次于埃克森美孚石油公司的美国上市公司。

在乔布斯的引领下,目前的苹果公司已经成为世界一流的消费电子公司。

成功源于革新

重掌苹果公司后的乔布斯进行的第一项革新,就是削减苹果公司的产品线。他将正在开发的 15 种产品缩减到四种,同时裁减了一部分工作人员,从而降低了营运成本。

第二项革新,就是保持"酷"的产品特色。苹果的产品向来以"酷"著称。1998 年 6 月,苹果公司的 iMac 电脑上市。该产品拥有半透明、果冻般圆润的蓝色机身,给人酷酷的感觉,上市后迅速引发顾客的追捧。短短三年,苹果公司就售出了 500 万台。

第三项革新,就是开拓销售渠道。吸引美国著名的电子产品与服务经销商——CompUSA 作为苹果公司的销售伙伴,在 CompUSA 的帮助下其 iMac 电脑的销量大增。

第四项革新,就是调整结盟力量。与宿敌微软和解后,苹果公司取得了微软 1.5 亿美元的投资,并让微软为苹果产品开发软件。另外,收回了苹果公司对兼容厂家的技术使用许可,使它们不能再靠苹果公司的技术赚钱。

第五项革新,就是同心多元化发展。针对个人电脑业务的严峻形势,苹果公司开始向数字音乐领域多元化出击。2001 年,苹果公司推出了个人数字音乐播放器 iPod(到 2005 年下半年,苹果公司已经销售了2,200万个 iPod 数字音乐播放器)。2003 年 4 月,苹果公司的 iTunes 音乐商店建立。在美国合法音乐的下载服务中,苹果公司的 iTunes 音乐下载服务高居榜首,达到 82%。此外,苹果公司还推出适合 Windows 个人电脑的 iTunes 版本,将 iPod 和 iTunes 音乐商店的市场范围扩展到全世界。

从 iMac、iPod 到 iTunes 音乐商店等，每当有重要产品即将宣告完成时，苹果公司都会退回最本源的思考，并要求将产品推倒重来，以至于有人认为这是一种病态的品质、完美主义控制狂的表现。对此，乔布斯曾经说过："在苹果公司，我们遇到任何事情都会问，它对用户来讲是不是很方便？它对用户来讲是不是很棒？每个人都在大谈特谈用户至上，但其他人都没有像我们这样真正做到这一点。"波士顿咨询服务公司曾经调查过全球各行业的 940 名高管，其中有 25% 的高管认为苹果公司是全球最具创新精神的企业。

秉承精英人才观念

在人才的使用上，乔布斯始终秉承的是精英人才的观念。乔布斯说过：许多年前，在制造第一台苹果电脑时，他就发现斯蒂夫·沃兹尼亚克具有超凡的工程学技能。从那时起，他就坚信一个由精英人才组成的小团队能够运转巨大的轮盘，苹果公司只需拥有这样的精英团队就可以了。为此，他花费大量精力和时间打电话，用于寻找那些他看过听过的最优秀的人才，以及那些他认为对于苹果公司各个职位最适合的人选。

苹果公司曾经流传这样一个故事。为了邀请百事可乐总裁约翰·斯高利加盟苹果，乔布斯曾经对约翰·斯高利说："难道你想一辈子都卖汽水，不想有机会改变世界吗？"这句话深深地打动了约翰·斯高利，促使他不久便走马上任。

强大的个人品牌

就像比尔·盖茨之于微软，乔布斯也是苹果公司的另一个品牌。1997 年，乔布斯成为《时代》周刊的封面人物，同年被评为最成功的管理者。2009 年，他被《财富》杂志评选为这十年美国最佳 CEO，同年当选《时代》周刊年度风云人物之一。他那几乎不变的牛仔裤和黑色高领衫，不仅给人以一种酷毙、嬉皮、反叛的感觉,而且把这种形象延伸至苹果品牌。

乔布斯还以发表主题演讲而闻名,在苹果公司的最新产品发布会上,乔布斯的演讲本身就是一个重要的新闻,他最著名的话是"还有一件事……"穿着随意的乔布斯貌似一个时尚而又信息灵通的老朋友,仿佛站在你家的客厅侃侃而谈。事实上,这种自由随意的表现源于长时间的严格训练。前苹果产品营销主管麦克·伊万吉里斯特离职后在他的博客中透露,乔布斯每一场演讲都需要几个星期的预先准备和上百人的协同工作,经过精确的细节控制和若干次秘密彩排之后,由此乔布斯才能以激情四射的演讲者面目出现在现场。

毋庸置疑,创新是苹果公司的灵魂和动力。乔布斯用创新的文化引领了苹果公司,苹果公司用创新的产品服务了整个世界。

(本案例是根据以下资料整理的:晓冰:《"苹果"的企业文化》,《中国质量技术监督》2009 第 3 期,第 62—63 页;金错刀:《快品牌——新晋品牌一飞冲天的"蓝海"法则》,中信出版社 2007 年版,第 83—109 页;百度百科:《苹果股份有限公司》,http://baike. baidu. com/view/15181. htm。)

[本书点评]

回想起 1985 年苹果公司的创始人乔布斯被扫地出门,随后的若干年,公司陷入巨大的困境之中;到了 1997 年乔布斯重掌苹果公司的"帅印",带领公司步步为营、东山再起。迄今,苹果公司已经超越微软成为全球最有价值的品牌,其品牌价值高达 574 亿美元(库尔特·巴登豪森,2010)。

"成也萧何,败也萧何。"难道乔布斯的作用真的那么大吗?当然,乔

布斯的离去注定是苹果公司的悲剧。对于苹果公司而言,乔布斯不仅是公司的总裁,更是公司的文化符号。他代表的是创新,追求个性、时尚、完美的企业文化。通过这种文化,苹果颠覆传统、创造出全新的商业模式,如 iPod + iTunes 音乐商店、iPhone + App store 软件商店、iPad + iBooks 平台等,用个性、时尚、完美的产品和服务来满足顾客的消费需求,围绕顾客的消费体验将自己从单一的硬件产品制造商转型成为一体化的电子消费与服务公司。

　　由上可见,创新的企业文化是苹果公司致胜的法宝。苹果公司如此,其他企业亦如此。

附　　录

附录1　电影院顾客体验的影响因素调查问卷一

尊敬的先生/女士：

　　为了了解电影院顾客体验的影响因素，我们组织了本次调查。您的意见对我们的研究来说十分重要。请您填写您对下列问题的真实想法。对您的支持与合作，我们表示衷心的感谢！

　　电影院顾客体验指的是顾客在电影院中的整体经历与感受。

　　在电影院时，您认为：影响您整个顾客体验的主要因素有哪些？（请您填写十个主要的因素）

1. （　　　　　　　　　　　　　　）
2. （　　　　　　　　　　　　　　）
3. （　　　　　　　　　　　　　　）
4. （　　　　　　　　　　　　　　）
5. （　　　　　　　　　　　　　　）
6. （　　　　　　　　　　　　　　）
7. （　　　　　　　　　　　　　　）

8. （   ）

9. （   ）

10. （   ）

附录2　　电影院顾客体验的影响因素调查问卷二

尊敬的先生/女士：

　　为了了解电影院顾客体验的影响因素，我们组织了本次调查。您的意见对我们的研究来说十分重要。请您填写您对下列问题的真实想法。对您的支持与合作，我们表示衷心的感谢！

　　电影院顾客体验指的是顾客在电影院中的整体经历与感受。

　　下面描述的是电影院顾客体验的影响因素，请您根据自身的经历对顾客体验的影响因素的重要性进行选择，并在相应的数字上打上"√"。

　　"1"表示"很不重要"，"2"表示"不重要"，"3"表示"一般"，"4"表示"重要"，"5"表示"很重要"

	1	2	3	4	5
1.电影院的室内温度	1	2	3	4	5
2.电影院有良好的空气质量	1	2	3	4	5
3.电影院影厅的宽敞程度	1	2	3	4	5
4.电影院的清洁度	1	2	3	4	5
5.电影院的安全状况	1	2	3	4	5
6.影院气氛的温馨程度	1	2	3	4	5
7.售票员的友好程度	1	2	3	4	5
8.服务人员的服务水准	1	2	3	4	5
9.放映时间的灵活程度	1	2	3	4	5

10. 服务人员的服务意识　　　　1　　2　　3　　4　　5

11. 影片的质量　　　　　　　　1　　2　　3　　4　　5

12. 影片的情节和内容　　　　　1　　2　　3　　4　　5

13. 能否及时地看到最新影片　　1　　2　　3　　4　　5

14. 影片的声音和画面效果　　　1　　2　　3　　4　　5

15. 电影院的票价　　　　　　　1　　2　　3　　4　　5

16. 电影未结束工作人员就把灯打开　1　　2　　3　　4　　5

17. 是否有中途进场　　　　　　1　　2　　3　　4　　5

18. 出售的食品、饮料的价格　　1　　2　　3　　4　　5

19. 电影院内的观众人数　　　　1　　2　　3　　4　　5

20. 电影院内观众的素质　　　　1　　2　　3　　4　　5

21. 电影院内的整体秩序　　　　1　　2　　3　　4　　5

22. 电影院是否有很好的硬件设施　1　　2　　3　　4　　5

23. 电影院座椅的舒适程度　　　1　　2　　3　　4　　5

24. 座位的位置　　　　　　　　1　　2　　3　　4　　5

25. 电影院内卫生间是否干净且易找　1　　2　　3　　4　　5

26. 电影院的地理位置　　　　　1　　2　　3　　4　　5

27. 电影院的交通便利程度　　　1　　2　　3　　4　　5

28. 电影院对影片的宣传力度　　1　　2　　3　　4　　5

29. 电影院定期举办优惠活动　　1　　2　　3　　4　　5

30. 运用会员制、积分奖励等促销手段　1　　2　　3　　4　　5

31. 电影院的配套服务　　　　　1　　2　　3　　4　　5

32. 电影院是否有很多小食品可供出售　1　　2　　3　　4　　5

33. 插播过多无关的广告　　　　1　　2　　3　　4　　5

请您提供您简单的个人资料(请在要选择的答案上打上"√"):

1. 性别　□男　　　　　　　□女

2. 年龄　□18 岁以下　　　　　□18—30 岁　　□31—40 岁
　　　　□41—50 岁　　　　　□51—60 岁　　□60 岁以上

3. 职业　□政府机关或事业单位职工　□企业职工　　□个体工商户
　　　　□农民　　　　　　　　　□学生　　　　□其他

4. 教育程度　□中学以下　　□中学或中专　　□大专
　　　　　　□本科　　　　□硕士及硕士以上

5. 家庭月收入　□1500 元以下　□1500—3000 元　□3001—4500 元
　　　　　　　□4501—6000元□6001—7500 元　□7500 元以上

再次感谢您的合作!

附录3　探索性研究的调查问卷（大连市）

尊敬的先生/女士:

　　您好! 这是一项关于电影院顾客体验的问卷调查。请您根据自己的真实感受,回答以下问题,在选定的数字上画圈"○"。答案无对错之分,写出您的真实想法即可。对您的支持与合作,我们表示衷心的感谢!

　　您刚刚到过的电影院是:只选一个,请在所要选的答案处画圈"○"。

1. 大连影城　（　）　2. 红星电影院　（　）　3. 进步电影院（　）

4. 友好电影院（　）　5. 万达电影院　（　）　6. 大连新玛特影城（　）

一、请您根据此次在该电影院的亲身感受回答以下问题(1—5 表示您对下列说法的同意程度:"5"表示完全同意,"3"表示中立,"1"表示完全不同意)

Q1　　这家电影院的室内温度令人舒适　　　5　　4　　3　　2　　1

Q2　　这家电影院有良好的空气质量　　　　5　　4　　3　　2　　1

Q3	这家电影院的影厅十分宽敞	5	4	3	2	1
Q4	这家电影院十分洁净	5	4	3	2	1
Q5	这家电影院的气氛十分温馨	5	4	3	2	1
Q6	在这家电影院感觉很安全	5	4	3	2	1
Q7	这家电影院的售票员十分友好	5	4	3	2	1
Q8	服务人员的服务水准很高	5	4	3	2	1
Q9	这家电影院放映的时间很灵活	5	4	3	2	1
Q10	服务人员的服务意识很强	5	4	3	2	1
Q11	对您来说,影片的质量十分重要	5	4	3	2	1
Q12	对您来说,影片的情节和内容十分重要	5	4	3	2	1
Q13	对您来说,能及时地看到最新影片十分重要	5	4	3	2	1
Q14	对您来说,影片的声音和画面效果很重要	5	4	3	2	1
Q15	这家电影院的售票价格很合理	5	4	3	2	1
Q16	这家影院出售的食品、饮料的价格十分合理	5	4	3	2	1
Q17	该电影院内的观众人数很多	5	4	3	2	1
Q18	该电影院内观众的素质很高	5	4	3	2	1
Q19	该电影院内的整体秩序十分良好	5	4	3	2	1
Q20	这家电影院有很好的硬件设施	5	4	3	2	1
Q21	这家电影院的座椅很舒适	5	4	3	2	1
Q22	座位的位置对您来说很重要	5	4	3	2	1
Q23	这家电影院内卫生间干净且易找	5	4	3	2	1
Q24	这家电影院有很优越的地理位置	5	4	3	2	1
Q25	这家电影院的交通十分便利	5	4	3	2	1

Q26	这家电影院十分重视影片的宣传	5	4	3	2	1
Q27	这家电影院经常定期地举办优惠活动	5	4	3	2	1
Q28	这家电影院较好地运用了会员制、积分					
	奖励等促销手段	5	4	3	2	1
Q29	这家电影院的配套服务很到位	5	4	3	2	1
Q30	这家电影院有很多小食品等商品可供					
	出售	5	4	3	2	1

二、您对电影院中的整个经历的总体评价(1—5 表示您对下列说法的同意程度:"5"表示完全同意,"3"表示中立,"1"表示完全不同意)

Q31	您认为电影院中的整个经历十分					
	美好	5	4	3	2	1
Q32	整个过程对您来说是十分值得的	5	4	3	2	1

三、下列说法,您的看法如何? (1—5 表示您对下列说法的同意程度:"5"表示完全同意,"3"表示中立,"1"表示完全不同意)

Q33	您再看电影时,您会首先考虑这家					
	电影院	5	4	3	2	1
Q34	您再看电影时,您会首先选择这家					
	电影院	5	4	3	2	1
Q35	与其他电影院相比,您更愿意为这家					
	影院支付较高的价格	5	4	3	2	1
Q36	与其他电影院相比,您认为这家影院					
	的服务更好	5	4	3	2	1
Q37	您十分喜欢这家电影院	5	4	3	2	1
Q38	与其他电影院相比,您更偏爱这家电					
	影院	5	4	3	2	1
Q39	在当地的电影院中,这家电影院是最					

| | | 好的 | 5 | 4 | 3 | 2 | 1 |

Q40　在当地的电影院中,您最欣赏这家电

影院　　　　　　　　　　　　　5　4　3　2　1

Q41　您十分愿意到这家电影院看电影　　5　4　3　2　1

Q42　您十分愿意向他人推荐这家电影院　5　4　3　2　1

Q43　您十分愿意向他人称赞这家电影院　5　4　3　2　1

Q44　您十分愿意向这家影院提建议,帮助

这家影院提高服务质量　　　　　5　4　3　2　1

Q45　您看电影时,您每次都去这家电影院　5　4　3　2　1

Q46　与当地其他电影院相比,您在这家电

影院花的钱更多　　　　　　　　5　4　3　2　1

Q47　与当地其他电影院相比,您在这家电

影院看的影片更多　　　　　　　5　4　3　2　1

Q48　与当地其他电影院相比,您在这家电

影院看的次数更多　　　　　　　5　4　3　2　1

请您提供您简单的个人资料(请在要选择的答案上打上"√")。

1.性别：□男　　　　　　　　　　□女

2.年龄：□18 岁以下　　　　　　□18—30 岁　　□31—40 岁

□41—50 岁　　　　　　□51—60 岁　　□60 岁以上

3.职业：□政府机关或事业单位职工　□企业职工　□个体工商户

□农民　　　　　　　　　　□学生　　　　□其他

4.教育程度：□中学以下　　　□中学或中专　　□大专

□本科　　　　　□硕士及硕士以上

5.家庭月收入：□1500 元以下　　□1500—3000 元　□3001—4500 元

□4501—6000 元　□6001—7500 元　□7500 元以上

6.您是否经常到电影院看电影？　　　□经常　　　　　　□不经常

7.您的姓名：_____

8.您的联系方式：_____

再次感谢您的合作！

附录4　正式研究的调查问卷（沈阳市）

尊敬的先生/女士：

　　您好！这是一项关于电影院顾客体验的问卷调查。请您根据自己的真实感受,回答以下问题,在选定的数字上画圈"○"。答案无对错之分,写出您的真实想法即可。对您的支持与合作,我们表示衷心的感谢！

　　您刚刚到过的电影院是:只选一个,请在所要选的答案处画圈"○"。

1.光陆电影院　　（　）　　2.新北方影城　　　　　（　）

3.银泰影城　　　（　）　　4.新玛特永乐电影城 （　）

一、请您根据此次在该电影院的亲身感受回答以下问题(1—5 表示您对下列说法的同意程度:5 表示完全同意,3 表示中立,1 表示完全不同意)

Q1	该电影院内的观众人数很多	5	4	3	2	1
Q2	这家电影院有很好的硬件设施	5	4	3	2	1
Q3	这家电影院的座椅很舒适	5	4	3	2	1
Q4	这家电影院十分重视影片的宣传	5	4	3	2	1
Q5	这家电影院经常定期地举办优惠活动	5	4	3	2	1
Q6	这家电影院较好地运用了会员制、积分奖励等促销手段	5	4	3	2	1
Q7	这家电影院的配套服务很到位	5	4	3	2	1
Q8	这家电影院有很多小食品等商品可供					

出售	5	4	3	2	1
Q9 这家电影院的室内温度令人舒适	5	4	3	2	1
Q10 这家电影院有良好的空气质量	5	4	3	2	1
Q11 这家电影院的影厅十分宽敞	5	4	3	2	1
Q12 这家电影院十分洁净	5	4	3	2	1
Q13 这家电影院的气氛十分温馨	5	4	3	2	1
Q14 这家电影院的售票员十分友好	5	4	3	2	1
Q15 服务人员的服务水准很高	5	4	3	2	1
Q16 这家电影院放映的时间很灵活	5	4	3	2	1
Q17 服务人员的服务意识很强	5	4	3	2	1
Q18 对您来说,影片的质量十分重要	5	4	3	2	1
Q19 对您来说,影片的情节和内容十分重要	5	4	3	2	1
Q20 对您来说,能及时地看到最新影片十分					
重要	5	4	3	2	1
Q21 对您来说,影片的声音和画面效果很					
重要	5	4	3	2	1
Q22 座位的位置对您来说很重要	5	4	3	2	1
Q23 这家电影院内卫生间干净且易找	5	4	3	2	1
Q24 这家电影院有很优越的地理位置	5	4	3	2	1
Q25 这家电影院的交通十分便利	5	4	3	2	1
Q26 这家电影院的售票价格很合理	5	4	3	2	1
Q27 这家影院出售的食品、饮料的价格十分					
合理	5	4	3	2	1
Q28 该电影院内观众的素质很高	5	4	3	2	1
Q29 该电影院内的整体秩序十分良好	5	4	3	2	1

二、您对电影院中的整个经历的总体评价(1—5 表示您对下列说法的同

销问题

意程度:"5"表示完全同意,"3"表示中立,"1"表示完全不同意)

Q30 您认为电影院中的整个经历十分美好　　5　　4　　3　　2　　1

Q31 整个过程对您来说是十分值得的　　　　5　　4　　3　　2　　1

三、下列说法,您的看法如何?（1—5 表示您对下列说法的同意程度:"5"表示完全同意,"3"表示中立,"1"表示完全不同意）

Q32 您再看电影时,您会首先考虑这家电
影院　　　　　　　　　　　　　　　5　　4　　3　　2　　1

Q33 您再看电影时,您会首先选择这家电
影院　　　　　　　　　　　　　　　5　　4　　3　　2　　1

Q34 与其他电影院相比,您更愿意为这家
影院支付较高的价格　　　　　　　　5　　4　　3　　2　　1

Q35 与其他电影院相比,您认为这家影院
的服务更好　　　　　　　　　　　　5　　4　　3　　2　　1

Q36 您十分喜欢这家电影院　　　　　　　5　　4　　3　　2　　1

Q37 与其他电影院相比,您更偏爱这家电
影院　　　　　　　　　　　　　　　5　　4　　3　　2　　1

Q38 在当地的电影院中,这家电影院是最
好的　　　　　　　　　　　　　　　5　　4　　3　　2　　1

Q39 在当地的电影院中,您最欣赏这家电
影院　　　　　　　　　　　　　　　5　　4　　3　　2　　1

Q40 您十分愿意到这家电影院看电影　　　5　　4　　3　　2　　1

Q41 您十分愿意向他人推荐这家电影院　　5　　4　　3　　2　　1

Q42 您十分愿意向他人称赞这家电影院　　5　　4　　3　　2　　1

Q43 您十分愿意向这家影院提建议,帮助
这家影院提高服务质量　　　　　　　5　　4　　3　　2　　1

Q44 您看电影时,您每次都去这家电影院　5　　4　　3　　2　　1

Q45 与当地其他电影院相比,您在这家电
影院花的钱更多　　　　　　　　5　　4　　3　　2　　1

Q46 与当地其他电影院相比,您在这家电
影院看的影片更多　　　　　　　5　4　3　2　1

Q47 与当地其他电影院相比,您在这家电
影院看的次数更多　　　　　　　5　　4　　3　　2　　1

请您提供您简单的个人资料(请在要选择的答案上打上"√")。

1. 性别：□男　　　　　　　　　　　□女

2. 年龄：□18 岁以下　　　　　□18—30 岁　□31—40 岁
　　　　□41—50 岁　　　　　□51—60 岁　□60 岁以上

3. 职业：□政府机关或事业单位职工　□企业职工　□个体工商户
　　　　□农民　　　　　　　　□学生　　　□其他

4. 教育程度：□中学以下　　□中学或中专　　□大专
　　　　　　□本科　　　　□硕士及硕士以上

5. 家庭月收入：□1500 元以下　□1500—3000 元　□3001—4500 元
　　　　　　　□4501—6000 元　□6001—7500 元　□7500 元以上

6. 您是否经常到电影院看电影？　□经常　　　　□不经常

7. 您的姓名：＿＿＿＿＿＿＿＿＿＿＿＿＿

8. 您的联系方式：＿＿＿＿＿＿＿＿＿＿＿

再次感谢您的合作!

参 考 文 献

1. Addis,M., and Holbrook,M. B.,"On the Conceptual link between Mass Customisation and Experiential Consumption:An Explosion of Subjectivity,"*Journal of Consumer Behaviour*,2001,1(1):50 - 66.

2. Andrews, R. L.,and Manrai,A. K.,"Feature - based Elimination:Model and Empirical Comparison,"*European Journal of Operational Research*,1998,111:248 - 267.

3. Berry, L. L.,"Services Marketing Is Different,"*Business*, 1980,30(May/June):24 - 29.

4. Berry,L. L.,"Cultivating Service Brand Equity,"*Journal of the Academy of Marketing Science*,2000,28(1):128 - 137.

5. Blackwell, S. A.,Szeinbach, S. L.,Barnes,J. H.,Garner,D. W.,and Bush,V.,"The Antecedents of Customer Loyalty,"*Journal of Service Research*,1999,1(4):362 - 375.

6. Bloemer,J. M.,and Kasper,H.,"The Impact of Satisfaction on Brand Loyalty:Urging on Classifying Satisfaction and Brand Loyalty,"*Journal of Consumer Satisfaction and Dissatisfaction*,1994,7: 152 - 160.

7. B.Joseph Pine II and Gilmore,J.H.,"Welcome to the Experi-

ence Economy,"*Harvard Business Review*,1998,76(July/August):97 -
105.

8. B. Joseph Pine II and Gilmore, J. H. , *The Experience Econo-my: Work is Theatre & Every Business a Stage*, Boston: Harvard Business
School Press,1999.

9. Campbell, D. T. , and Fiske, D. W. ,"Convergent and Discrim-inate Validation by the Multitrait-Multimethod Matrix,"*Psychological
Bulletin*,1959,45(2):81 - 105.

10. Chaudhuri, A. , and Holbrook, M. B. , "The Chain Effects
from Brand Trust and Brand Affect to Brand Performance: The Role
of Brand Loyalty,"*Journal of Marketing*,2001,65(2):81 - 94.

11. Comrey, A. L. , and Lee, H. B. , *A First Course in Factor
Analysis*(Second Edition), Hillsdale, NJ: Lawrenee Eribaum Associ-ates,Publishers,1992.

12. David A. Aaker, *Managing Brand Equity*, New York: The
Free Press,1991.

13. David A. Aaker, *Building Strong Brands*,New York:The Free
Press,1996.

14. Dawson, S. , Bloch, P. H. , and Ridgway, N. M. , "Shopping
Motives, Emotional States, and Retail Outcomes,"*Journal of Retai-ling*,1990,66:408 - 427.

15. Erdem, T. ,"An Empirical Analysis of Umbrella Branding,"
Journal of Marketing Research,1998,35(August):339 - 351.

16. Fader,P.S. ,and Schmittlein,D.C. ,"Excess Behavioral Loy-alty for High - share Brands:Deviations from the Dirichlet Model for
Repeat Purchasing,"*Journal of Marketing Research*,1993,30(Novem-

ber):478 - 493.

17. Fornell, C. , "A National Customer Satisfaction Barometer: The Swedish Experience," *Journal of Marketing*, 1992,56(1):6 - 21.

18. Garbarino, E. , and Johnson, M. S. , "Different Roles of Satisfaction, Trust, and Commitment in Customer Relationships," *Journal of Marketing*, 1999,63(2):70 - 87.

19. Gremler, D. D. , and Brown, S. W. , "Service Loyalty: Its Nature, Importance, and Implications," in *Advancing Service Quality: A Global Perspective*, Edvardsson, B. , et al. (Eds), New York: International Service Quality Association, 1996:171 - 180.

20. Gremler, D. D. , Brown, S. W. , Bitner, M. J. , Parasuraman, A. , "Customer Loyalty and Satisfaction: What Resonates in Service Context?" Paper Submitted to *Journal of Marketing*, 2001.

21. Gronroos, C. , *Strategic Management and Marketing in the Service Sector*, Helsingfors: Swedish School of Economics and Business Administration, 1982.

22. Haeckel, S. H. , Carbone, L. P. , and Berry, L. L. , "How to Lead the Customer Experience," *Marketing Management*, 2003, (January/February):18 - 23.

23. Hair, J. F. , Anderson, R. E. , and Tatham, R. L. , et al. , *Multivariate Data Analysis* (Fifth Edition), Upper Saddle River, NJ: Prentice Hall, 1998.

24. Holbrook, M. B. , and Hirschman, E. C. , "The Experiential Aspects of Consumption, Consumer Fantasies, Feelings, and Fun," *Journal of Consumer Research*, 1982,9:132 - 140.

25. Ibrahim, M. F. , and Wee, N. C. , "The Importance of Enter-

tainment in the Shopping Center Experience: Evidence from Singapore,"*Journal of Real Estate Portfolio Management*,2002,8(3):239 - 254.

26. Jones, M. A., "Entertaining Shopping Experience: An Exploratory Investigation,"*Journal of Retailing and Consumer Services*, 1999,6:129 - 139.

27. Jones, T. O., and Sasser, W. E., "Why Satisfied Customers Defect,"*Harvard Business Review*,1995,73(6):88 - 101.

28. Julie Baker, Dhruv Grewal and A. Parasuraman,"The Influence of Store Environment on Quality Inferences and Store Image," *Journal of the Academy of Marketing Science*,1994,22(4):328 - 339.

29. LaSalle, D., and Britton, T. A., *Priceless: Turning Ordinary Products into Extraordinary Experiences*, Boston: Harvard Business School Press,2002.

30. Lewis, B. R., "Consumer Care in Service Organizations," *Marketing Intelligence and Planning*,1989,7:18 - 22.

31. Mavonodo, F. T., and Farrell, M. A., "Measuring Market Orientation: Are There Differences between Business Marketers and Consumer Marketers?" *Australian Journal of Management*, 2000, 25 (2):223 - 244.

32. Mihaly Csikszentmihalyi, *Beyond Boredom and Anxiety*, San Francisco: Jossey-Bass,1977.

33. Mihaly Csikszentmihalyi and Isabella Selega Csikszentmihalyi, *Optimal Experience: Psychological Studies of Flow in Consciousness*, Cambridge: Cambridge University Press,1988.

34. Normann, R., *Service Management: Strategy and Leadership*

in Service Business, New York: Wiley, 1984.

35. Novak, T. P., Hoffman, D. L., and Yung, Y. F., "Measuring the Customer Experience in Online Environments: A Structural Modeling Approach," *Marketing Science*, 2000, 19(1):22 − 42.

36. Oliver, R. L., "Whence Consumer Loyalty?" *Journal of Marketing*, 1999, 63(Special Issue):33 − 44.

37. Pritchard, M. P., Havitz, M. E., and Howard, D. R., "Analyzing the Commitment − Loyalty Link in Service Context," *Journal of Marketing*, 1999, 63(4):38 − 56.

38. Pullman, M. E., and Gross, M. A., "Welcome to Our Experience: Where You Can Check Out Anytime You'd Like, But You Can Never Leave," *Journal of Business and Management*, 2003, 9(3):215 − 232.

39. Pullman, M. E., and Gross, M. A., "Ability Of Experience Design Elements to Elicit Emotions and Loyalty Behaviors," *Decision Sciences*, 2004, 35(3):551 − 578.

40. Ratchford, B. T., "The Economics of Consumer Knowledge," *Journal of Consumer Research*, 2001, 27(March):397 − 411.

41. Schmitt, B. H., "Experiential Marketing," *Journal of Marketing Management*, 1999, 15:53 − 67.

42. Schmitt, B. H., *Experiential Marketing: How to Get Customers to SENSE, FEEL, THINK, ACT and RELATE to Your Company and Brands*, New York: The Free Press, 1999.

43. Schmitt, B. H., *Customer Experience Management: A Revolutionary Approach to Connecting with Your Customers*, New York: John Wiley & Sons, Inc., 2003.

44．Smith，S．，and Wheeler，J．，*Managing the Customer Experi-ence*：*Turning Customers into Advocates*，London：Prentice Hall，2002．

45．Stuart，F．I．，"Designing and Executing Memorable Service Experiences：Lights，Camera，Experiment，Integrate，Action，"*Business Horizons*，2006，49：149－159．

46．Westbrook，R．A．，and Oliver，R．L．，"The Dimensionality of Consumption Emotion Patterns and Consumer Satisfaction，"*Journal of Consumer Research*，1991，18(1)：84－91．

47．阿尔温·托夫勒(Alivin Toffler)著：《未来的冲击》，孟广均等译，中国对外翻译出版公司1985年版。

48．阿克著：《创建强势品牌》，吕一林译，中国劳动社会保障出版社2004年版。

49．白长虹、刘炽：《服务企业的顾客忠诚及其决定因素研究》，《南开管理评论》2002年第6期。

50．百度百科：《路易·威登》，http：//baike. baidu. com/view/2107. html？tp＝0_11。

51．百度百科：《苹果股份有限公司》，http：//baike. baidu. com/view/15181. htm。

52．百度百科：《星巴克》，http：//baike. baidu. com/view/8276. htm。

53．贝恩特·施密特著：《顾客体验管理：实施体验经济的工具》，冯玲、邱礼新译，机械工业出版社2004年版。

54．伯德·H.施密特、戴维·L.罗杰斯、卡伦·弗特索斯著：《娱乐至上：体验经济时代的商业秀》，朱岩岩译，中国人民大学出版社2004年版。

55．伯顿·R.克拉克著：《高等教育系统——学术组织的跨国研究》,王承绪译,杭州大学出版社 1994 年版。

56. 常英:《体验式学习:市场营销教学方法的新探索》,《天津职业院校联合学报》2006 年第 1 期。

57. 陈启杰、马永生:《品牌关系管理的一个新视角:品牌体验管理》,《经济管理》2002 年第 4 期。

58. 陈文、文达:《论大商集团的细分市场战略》,《今日南国》2008 年第 7 期。

59. 陈永华、王维:《中国代工企业自创品牌的思考》,《集团经济研究》2007 年第 25 期。

60. 大连大杨集团:《〈中国财经报道〉讲述大杨创世的华丽转身》,http://www.trands.com/news.asp。

61. 董大海:《基于顾客价值构建竞争优势的理论与方法研究》,博士学位论文,大连理工大学,2003 年。

62. 范秀成、李建州:《顾客餐馆体验的实证研究》,《旅游学刊》2006 年第 3 期。

63. 高桥千枝子著:《高价也能畅销:奢侈品营销的七项法则》,曹艺译,人民邮电出版社 2007 年版。

64. 格罗鲁斯著:《服务管理与营销:基于顾客关系的管理策略》,韩经纶等译,电子工业出版社 2002 年版。

65. 顾春梅、苏如华:《汽车服务业服务质量、顾客满意度与顾客忠诚度的实证分析》,《商业经济与管理》2006 年第 12 期。

66. 海尔集团:《砸冰箱的故事》,http://www.haier.cn/about/culture_index_detail34.shtml。

67. 韩小芸、汪纯孝:《服务性企业顾客满意感与忠诚感关系》,清华大学出版社 2003 年版。

68. 韩兆林:《涉入理论及其在消费者行为研究中的运用》,《外国经济与管理》1997 年第 1 期。

69. 黄芳铭:《结构方程模式:理论与应用》,中国税务出版社 2005 年版。

70. 黄国雄:《金融危机下百货企业的发展对策》,http://bj.house. sina.com.cn/biz/hd/2009-03-24/13472137.html。

71. 黄茂军:《同仁堂故事》,http://www.emkt.com.cn/article/ 119/11998.html。

72. 蒋衡杰:《2008—2009 中国服装行业发展报告》,中国纺织出版社 2009 年版。

73. 姜奇平:《体验经济》,社会科学文献出版社 2002 年版。

74. 蒋媛:《全球专利申请量华为折桂,中国企业知识产权意识已见起色》,《工业设计》2009 年第 3 期。

75. 金错刀:《快品牌——新晋品牌一飞冲天的"蓝海"法则》,中信出版社 2007 年版。

76. 克里斯托弗·贝里著:《奢侈的概念:概念及历史的探究》,江红译,上海人民出版社 2005 年版。

77. 库尔特·巴登豪森:《〈福布斯〉品牌 50 强苹果称霸》,《参考消息》,2010 年 7 月 30 日。

78. 赖学显:《体验教学与新课程改革研究》,《当代教育论坛》2005 年第 4 期。

79. 郎咸平:《本质 I——破解时尚产业战略突围之道》,东方出版社 2007 年版。

80. 郎咸平:《你想到的都是错的——本质 IV:你的想法要符合行业本质》,东方出版社 2008 年版。

81. 李光斗:《故事营销》,机械工业出版社 2009 年版。

82. 李建州、白翠玲:《三类餐馆顾客体验实证研究》,《旅游学刊》

2008 年第 1 期。

83. 李琼:《品牌故事与品牌的可持续性发展》,《衡阳师范学院学报》2009 年第 1 期。

84. 李晓慧:《透视中国的奢侈品消费》,《华东经济管理》2005 年第 10 期。

85. 李艳松:《辽宁大型百货集团自有品牌管理的问题与对策》,《江苏商论》2008 年第 4 期。

86. 李宇红、赵伯庄、王磊:《市场营销教学特点与方法研究》,《教育与职业》2005 第 35 期。

87. 联商网:《联商专访:辽宁兴隆百货董事长李维龙》,http://www.linkshop.com.cn/web/ Talk_Passage.aspx? id = 16397。

88. 辽宁省人力资源和社会保障厅:《2009 年第一季度全省人才市场供求信息情况分析》,http://www.lnrc.com.cn/channel/0004/News_Paper%5C200904271026403760044.shtml。

89. 刘德良:《嫁接营销:创造超常营销效果》,机械工业出版社 2008 年版。

90. 刘旭:《我国大学课程的知识化倾向分析》,《高等教育研究》2002 年第 2 期。

91. 卢锋华、王陆庄:《基于"流体验"视角的顾客网上购物行为研究》,《外国经济与管理》2005 年第 5 期。

92. 卢泰宏:《中国消费者行为报告》,中国社会科学出版社 2005 年版。

93. 陆鑫、顾韵芬、陈洪涛:《辽中南城市群服装产业现状与发展策略》,《辽东学院学报(社会科学版)》2008 年第 6 期。

94. 马爱军:《市场营销学案例教学浅议》,《邢台学院学报》2006 年第 1 期。

95. 马连福:《体验营销——触摸人性的需要》,首都经济贸易大学出版社 2005 年版。

96. 迈克尔·利维、巴顿·A.韦茨著:《零售学精要》,郭武文译,机械工业出版社 2000 年版。

97. 迈克尔·西尔弗斯坦、尼尔·菲斯克、约翰·巴特曼著:《奢华,正在流行:新奢侈时代的制胜理念》,高晓燕译,电子工业出版社 2005 年版。

98. 倪少瑾、袁安府、王健:《奢侈品营销探讨》,《集团经济研究》2004 年第 10 期。

99. 帕米拉·N.丹席格著:《流金时代:奢侈品的大众化营销策略》,宋亦平、朱百军译,上海财经大学出版社 2007 年版。

100. 秦怡:《辽宁省服装协会召开二届一次会长办公会》,http://www.cnga.org.cn/news3/ View.asp? NewsID = 19186&MainType = 业界资讯 &TypeID = 0。

101. 权利霞:《体验消费与"享用"体验》,《当代经济科学》2004 年第 2 期。

102. Radha Chadha:《中国奢侈品消费群体的新动向》,《国际商业技术》2006 年第 1 期。

103. 商务部:《与辽宁省服务业委员会赵颖奇主任网上交流》,http://gzly.mofcom.mofcom.gov.cn/website/face/www_face_history.jsp? sche_no = 1489。

104. 盛秀华:《欧典地板被曝欺诈消费者,其德国总部根本不存在》,http://finance.sina.com.cn/xiaofei/consume/20060316/0912598724.shtml。

105. 施密特著:《体验营销——如何增强公司及品牌的亲和力》,刘银娜、高靖、梁丽娟译,清华大学出版社 2004 年版。

106. 斯托曼著:《情绪心理学》,张燕云译,辽宁人民出版社 1987 年版。

107. 孙霞:《大商张开大商网在线网尽消费者》,《新商报》,2009 年 5 月 5 日。

108. 孙霞:《大杨再创俩品牌欲深耕国内市场》,《新商报》,2009 年 12 月 8 日。

109. 特里·A.布里顿、戴安娜·拉萨利著:《体验——从平凡到卓越的产品策略》,王成、龙潜译,中信出版社 2003 年版。

110. 同黎娜:《辽宁服装重工业之后又一块宝》,《中国服饰报》,2006 年 6 月 30 日。

111. 童民强:《打造主题化精品百货商场品牌的理性探索》,《商业经济与管理》2004 年第 8 期。

112. 万新军:《国产手机亏损,何必拉黑手机垫背》,《中华工商时报》,2005 年 9 月 8 日。

113. 汪纯孝、张丽云、温碧燕:《专业服务人员的职业道德对消费者的影响》,《科学学与科学技术管理(学术文献版)》2006 年第 6 期。

114. 王国彩、张银川:《辽宁省服装业现状分析及发展思考》,《辽宁工学院学报(社会科学版)》2007 年第 6 期。

115. 王甦、汪安圣:《认知心理学》,北京大学出版社 1992 年版。

116. 王晓强:《辽宁省纺织服装业重构产业链》,http://chinaneast. gov.cn/2007－01/30/content_9176263.htm。

117. 王燕平:《中国百货行业发展报告:1999－2008》,经济管理出版社 2009 年版。

118. 温碧燕、汪纯孝、岑成德:《服务公平性、顾客消费情感与顾客和企业的关系》,中山大学出版社 2004 年版。

119. 温韬:《企业常胜的秘诀:创新无止境》,《大连日报》,1998 年 8

月 20 日。

120.温韬:《让知识叩开再就业的大门》,《大连日报》,1998 年 9 月
24 日。

121.温韬:《灾后内需前景看好》,《大连日报》,1998 年 10 月 15 日。

122.温韬:《真品、真经、真营销》,《大连日报》,1998 年 11 月 26 日。

123.温韬:《概念经济下中国企业的尴尬》,《大连日报》,1998 年 12
月 31 日。

124.温韬、侯铁珊:《大型百货商场顾客体验影响因素的实证研究》,
《商业经济与管理》,2006 年第 12 期。

125.晓冰:《"苹果"的企业文化》,《中国质量技术监督》2009 第
3 期。

126.肖恩·史密斯、乔·惠勒著:《顾客体验品牌化:体验经济在营
销中的应用》,韩顺平、吴爱胤译,机械工业出版社 2004 年版。

127.肖明超:《时尚营销策略研究》,《成功营销》2006 年第 12 期。

128.谢江红、曹军辉:《基于体验教学的市场营销学教改探索与研
究》,《民营科技》2007 年第 4 期。

129.徐孟晓、王旭:《病毒营销传播渠道研究》,《云南财经大学学报
(社会科学版)》2009 年第 1 期。

130.徐四清:《大连市服装业的思考》,《广西纺织科技》2006 年第
4 期。

131.严行方:《中产阶层》,中华工商联合出版社 2008 年版。

132.杨步亭:《2007 中国电影市场报告》,内部资料,中国电影发行
放映协会,2008 年。

133.杨大筠:《推动时尚——杨大筠纵观中国时尚产业》,东方出版
社 2007 年版。

134.杨静怡、王碧清、迟超:《致命的诱惑——LV:制造圣坛》,《现代

广告》2006 年第 5 期。

135.杨锡山:《西方组织行为学》,中国展望出版社 1986 年版。

136.杨晓东:《服务业顾客体验对顾客忠诚的影响研究》,博士学位论文,吉林大学,2007 年。

137.叶万春:《服务营销学》,高等教育出版社 2007 年版。

138.约瑟夫·派恩著:《大规模定制:企业竞争的新前沿》,操云甫等译,中国人民大学出版社 2000 年版。

139.约瑟夫·派恩、詹姆斯·H.吉尔摩著:《体验经济》,夏业良、鲁炜译,机械工业出版社 2002 年版。

140.张家平:《奢侈孕育品牌》,学林出版社 2007 年版。

141.张莉:《"上海滩"服饰对中国时尚设计品牌的启示》,《商场现代化》2007 年 3 月上旬刊。

142.张希:《品味咖啡香——星巴克的 10 堂管理课》,人民邮电出版社 2005 年版。

143.章志平:《论百货商店的品牌建设》,《商业时代》2005 年第 24 期。

144.郑苗秧:《我国服装企业品牌国际化之对策》,《东华大学学报(社会科学版)》2006 年第 3 期。

145.中国连锁协会:《中国连锁零售企业经营状况分析报告(2008 - 2009)》,http://www.chinayearbook.com/yearbook/book_8496.htm。

146.中华全国商业信息中心:《2008 年百货店前 100 家销售总额、零售总额统计》,http://www.rdretail.com.cn/viewsnews.asp? id = 4117&nsortid = 55&nsortname = 行业数据。

147.钟震玲:《讲故事,做销售》,广东经济出版社 2008 年版。

后　　记

这是我写作的第二本书。

从常理上讲,不惑之年应该是一个不喜欢做梦的年龄。如今,四十不惑的我却依然做梦,依然听着流行歌曲,依然过着简约的生活,依然指点江山、激扬文字。

如果有人问我:你写作此书有什么感觉? 我的回答是"痛并快乐着"。痛的是,写作此书断断续续花了我两年多的时间。特别是在寒暑假期间,为了写作此书,我成天待在陋室里,整整一个月没有跟女儿见过一次面。快乐的是,告别喧嚣,成天与书籍为伍,沉思默想,静静地感受学术跋涉带来的欣慰。

本书提笔之时,正值北京奥运会开赛之际。写作之余,观看奥运比赛。每当看到五星红旗在奥运赛场上升起的场景,心里总是充满着无限的感慨。本书落笔之时,正值上海世博会成功举行和中国吉利集团正式完成对沃尔沃轿车品牌的收购。展望 2011 年,中国已超越日本成为世界第二大经济体。作为一名年轻的营销学者,我深感自己肩上的责任和使命。我愿意倾尽所能,为实现中华民族的强国梦不断地思考和探索。

最后,谨以此书献给我亲爱的妻子和女儿! 祝愿爱我的人和我爱的人向梦想进发,都能成就自己心中的"美梦"!

温韬

2011 年 2 月 20 日于家中